孙晓华

——著

中印产业结构变动与经济增长比较

COMPARISON OF
INDUSTRIAL STRUCTURE CHANGE AND ECONOMIC GROWTH
BETWEEN CHINA AND INDIA

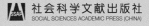
社会科学文献出版社
SOCIAL SCIENCES ACADEMIC PRESS (CHINA)

摘　要

2008 年金融危机以来，世界各国经济受到了不同程度的冲击，一些国家出现了严重的衰退。虽然主要国家及时实施了金融救助并加大了财政刺激力度，但过去的 11 年里，全球经济复苏步伐仍然缓慢。幸运的是，新兴经济体作为世界经济复苏的亮点，逐渐成为世界经济舞台上一个最引人注意的角色，不仅成为全球经济复苏的引擎，而且在国际经济秩序和政治秩序的调整中发出了自己的声音。《新兴经济体发展 2017 年度报告》指出，2016 年新兴经济体对世界经济增长的贡献率为60%，保证了世界经济的稳定增长。其中，新兴经济体中两个最大的发展中国家——中国和印度的经济表现最为抢眼。一方面，两国正在快速引领世界经济重心从欧洲转向亚洲；另一方面，世界各地经济体的经济前景也越来越依赖于这两个"亚洲巨人"的持续需求，两国的经济增长潜力和发展空间对世界经济增长有着举足轻重的作用。从这个意义上看，中印两国的经济增长值得世界关注。目前，世界对中印两国的关注点，更主要的是两国发展模式的巨大差异，中国通过快速的外向型工业化实现了经济增长，被称为"世界工厂"。而印度则绕开工业化走上了以服务业为主导产业的增长之路，被称为"世界办公室"。从实践发展看，两国的发展模式和未来经济发展前景将对世界经济发展产生不可估量的影响。

本书首先通过对中印两国产业结构的初始条件、改革前后产业结构的变动情况及现状进行比较，发现中印两国的产业结构变动存在极大的差异。其次，通过对中印两国的产业结构合理化和高级化指标进行比较发现，印度产业结构的合理化速度慢于中国，而印度的产业结构高级化速度较快。再次，通过偏离－份额分析法对中印两国的部门内效应、资本转移效应和劳动转移效应进行比较，结果表明，在两国的产业结构变动效应中，起主导作用的都是部门内效应，即两国各个部门劳动生产率的提高对经济的贡献最大；就资本转移效应而言，中国的资本转移效应低于印度，而中国的劳动转移效应大于印度。最后，本书对中印两国产值结构与经济增长的关系进行回归分析，结果显示，中国中间品制造业每增长 1 个百分点，能够带动经济增长约 0.411 个百分点，而印度仅能带动 0.178 个百分点的经济增长；印度服务业每增长 1 个百分点，能够带动经济增长约 0.352 个百分点，而中国则带动经济增长约 0.222 个百分点。概而言之，两国的经济增长方式存在非常明显的差异，中国的产业结构变动比印度更激烈，范围也更广，中印两个人口大国的崛起对全球经济将产生巨大影响。

Abstract

Since the financial crisis in 2008, the world economy has been affected to varying degrees, followed by a severe recession. Despite timely financial rescues and increased fiscal stimulus by major countries, the global economic recovery has been slow over the past 11 years. Fortunately, emerging economies, as the bright spot of the world economic recovery, have gradually become one of the most notable players on the world economic stage. They have not only become the engine of the global economic recovery, but also make the voice of themselves in the adjustment of the international economic and political order. *The* 2017 *Annual Report on the Development of Emerging Economies* points out that emerging economies contributed 60% to world economic growth in 2016, ensuring steady growth of the world economy. Two of the biggest emerging economies, China and India, have performed most spectacularly. On the one hand, they are rapidly leading the world's economic shift from Europe to A-

sia. On the other hand, the economic prospects of economies around
the world are increasingly dependent on the continued demand of
these two Asian giants, whose economic growth potential and devel-
opment space play a significant role in world economic growth. In
this sense, the economic growth of China and India deserves the
world's attention. At present, the world's attention to China and India
is more focused on the huge difference in development models be-
tween the two countries. China has achieved economic growth
through rapid export-oriented industrialization and is known as the
"factory of the world". India bypassed industrialisation and em-
barked on a growth path dominated by services, dubbed the "office
of the world". In terms of practical development, the development
models and future economic development prospects of the two coun-
tries will have an immeasurable impact on world economic develop-
ment.

This book firstly compares the initial conditions of the industrial
structure of China and India, the changes and current situation of
the industrial structure before and after the reform, and finds that
the changes of the industrial structure of China and India are greatly
different. Secondly, by comparing the rationalization and elevation of
industrial structure between China and India, it is found that the ra-
tionalization of India's industrial structure is slower than that of Chi-
na, while elevation speed of India's industrial structure is
faster. Thirdly, the shift-share method is used to compare the effects

of intra-sector effect, capital transfer effect and labor transfer effect in China and India. The results show that, among the effects of industrial structure change in the two countries, the leading role is the intra-sector effect, that is, the improvement of labor productivity in each sector contributes the most to the economy. In terms of capital transfer effect, the capital transfer effect of China is lower than that of India in most years, while the labor transfer effect of China is greater than that of India. Finally, the book conducts a regression analysis on the relationship between the structure of output value and economic growth between China and India. The results show that every 1 percentage points growth of intermediate product manufacturing in China can drive the economic growth of about 0. 411 percentage points, while India only drives the economic growth of 0. 178 percentage points. Indian economy grows by about 0. 352 percentage points for every 1 percentage point of service sector growth, while China's economy grows by about 0. 222 percentage points. In short, there are very obvious differences between the growth modes of the two countries. China's industrial structure changes are more drastic and more extensive than India's. The rise of China and India as two populous countries will have a huge impact on global economy.

目录

CONTENTS

第一章　绪论

第一节　问题的提出及研究意义

21 世纪的前 20 年，人们的生活发生了天翻地覆的变化，中国人对这一点感触最深。美国投资家吉姆·罗杰斯曾经说过："19 世纪是属于英国的，20 世纪是属于美国的，21 世纪则是属于中国，不管人们喜不喜欢，这是事实。"（周雁，2012）这一论断不仅适用于金融投资领域，同样适用于其他领域。中国自改革开放以来，在经济总量上已经取得了巨大成就，于2013 年进入中等偏上收入国家行列。但同时，老龄化问题、环境脆弱性问题、结构不平衡问题、经济可持续增长的动力转换问题摆在了面前。依靠要素投入的数量积累拉动经济增长的时代一去不复返，经济发展进入瓶颈期，若能实现经济高速增长向高质量增长的顺利转换，上述问题将迎刃而解，其中新旧产业和发展动能转换是高质量增长的内在要求，而第四次工业革命将重塑我们生活的经济、社会和文化环境，人工智能、机器人和物联网等颠覆性创新技术的进一步发展将改变产品的消费和生产方式，意味着产业结构也会随之发生巨大变化，结构红利将引领经济增长。

库兹涅茨曾经指出，为了认识世界范围内经济结构与经济增长的关系，选择国家作为研究对象是必要的，因为分析那些在"规模、地理位置和历史遗产"等方面都不相同的国家的结构特征和增长经验，我们可以发现共同的特征和模式，表明有一些共同的力量在发挥作用（Kuznets，1985）。世界经济发展的历史也表明，一个国家的经济发展，一方面表现为经济总量的不断增长，另一方面表现为产业结构的演变，并且产业结构变动与经济总量增长不可分割。这得到了一些发达国家及亚洲四小龙经济发展进程的证实（姜睿，2006）。产业结构变动被认为是现代经济增长的客观要求和必要条件。

在人口规模上，中国和印度分别是世界第一、第二大国；两国曾经都是典型的"不发达国家"，土地和其他资源相对于人口来说都很稀缺，都曾是典型的农业经济社会，人均国民产出徘徊在生存水平附近。然而，自20世纪80年代以来，这两个亚洲大国分别实施了经济改革，随后，世界见证了中国和印度经济的快速转型和增长，两国开始以新兴经济大国的姿态在全球经济格局中崛起，为世界经济增长和贫困人口的减少做出了巨大贡献。按购买力平价计算，中国GDP在2010年超过日本后一直位居世界第二；印度 GDP 2019 年居于德国之后，全球排名第五。1973 年，中国和印度 GDP 之和仅占世界 GDP 的 7.7%，据预测，到 2030 年，中国和印度 GDP 之和将占世界 GDP 的 34.2%（Shahid Yusuf，Kaoru Nabeshima，2010）。

但引起世界关注的不仅是近年来两国经济高速增长的相似性，更是两国经济发展模式的巨大差异，两个初始国情相似的国家在经济增长道路上表现迥异，最主要的表现是两国的产业结构变动过程各具特色。在经济全球化引起全球产业升级并引起国际产业转移的背景下，中国成功地发展成为制造业大国，被称为"世界工厂"，而印度则成为信息技术大国，被称为"世界办公室"，两国都走出了自己独具特色的发展道路。产业结构变动是经济增长的内生变量，其路径选择受到一系列因素的影响，本书从世界人口大国——中国和印度比较的视角，研究中印产业结构变动的差异性及互补性，以期能够为我国在推行"一带一路"倡议中遇到的印度困局（李晓，2015）提供一定解释，并探讨两国差异化的产业结构变动路径的形成原因，对各自的经济增长有着怎样的影响。

选择这样的问题具有理论和实践两方面的意义。从理论意义上看，发展经济学中关于经济增长最早也是最核心的见解之一就是增长需要结构变革，尤其是产业结构的变动，也就是产业结构变动促进经济增长。而较早分析产业结构如何变动的理论是配第-克拉克定理，该定理指出，随着经济的发展，即随着人均国民收入水平的提高，劳动力首先由第一产业向第二产业转移，当人均国民收入水平进一步提高时，劳动力便向第三产业转移。但以配第－克拉克定理为基础发展起来的产业结构变动理论在解释中印产业结构变动的外驱性、跨越性特点方面稍显无力，尤其是在解释关于经济增长和产业结构变动的关系上，更没有明确的论述。定理可以被新的事实所证伪，但实践不可能被推翻，中印产业结构变动过程不同于传统产业结构变动的模式，是发展中大国通过实践发展出来的模式。产业结构对经济增长影响的国别比较文献数量不多，而对于中印两国存在巨大差异的产业结构对经济增长造成的影响的文献就更少了。就这个意义而言，从中印比较视角研究产业结构变动及其对经济增长的影响是对发展经济学关于产业结构变动理论及产业结构变动与经济增长关系理论的有益补充。

从实践角度看，中印崛起是不争的事实，"龙象之争"也好，"龙象共舞"也罢，两国关系是一种竞争中有合作、合作中有竞争的互利共赢关系，两国的发展模式和未来的经济发展前景将对世界经济发展产生不可估量的影响。更重要的是，中印两国目前都处在经济转型和经济发展并重的时期，都面临着自然资源和生态环境的硬约束及国内经济发展失衡的困境，在增长源泉"低垂的果实"所剩无几的情况下（蔡昉，2020），研究这两个经济体的结构变化很重要，因为它对就业和生产率有着更为广泛的影响，研究如何实现要素数量型增长向要素效率型增长的转变，对实现经济的高质量发展具有重要意义。对于世界其他发展中国家而言，发展中大国的增长实践具有一定的借鉴价值，可以从这一研究中获得一些经验借鉴。

第二节 中印产业结构变动的研究现状

一国的产业结构是该国长期经济发展战略和经济政策的产物，是现代经济增长的重要内生变量，一国经济发展质量的高低从产业结构的发展水平中可见一斑（汪晓文、李明、张云晟，2019）。自 1949 年到现在，我国由封闭经济走向开放经济，由计划经济走向社会主义市场经济，产业结构在不断地调整和优化，产业结构的不断变迁是一个经济体实现可持续发展的动力源，经过 70 多年的发展，我国已经由贫穷落后的农业国转变为制造业大国，现正迈向制造业强国。相比之下，印度独立之后曾经历"尼赫鲁时代"，为了使印度成为"有声有色的大国"，尼赫鲁主张变革传统的社会结构，建立高度工业化的社会，印度走过与中国相同的重工业化之路（艾周昌，2009），但印度在发展过程中不但没有显示出快速工业化的迹象，而且绕开工业化走上了以服务业为主导产业的增长之路。

关于产业结构变动，经典的发展经济学理论如配第－克拉克定理、库兹涅茨法则、钱纳里的标准产业模型、霍夫曼定理等都有过理论阐述。这些理论说明了劳动力资源的分布结构及各个产业的产值结构的变动规律。具体到中国实践，则具有明显的中国特征。以改革开放为分界线，我国的产业结构经历了以重工业为主的阶段到三次产业均衡发展的阶段

（张辉，2019）。具体到印度实践，则同样具有印度特色，即服务业优先发展的产业结构变动路径。

一 中国产业结构变动的研究现状

产业结构是一个动态变化过程，而非静态结构，因此，国内学者对中国产业结构变动的研究从时间跨度上看主要有四大类：阶段性总结、改革开放 40 年的总结、新中国成立 60 年的总结、新中国成立 70 年的总结（汪晓文、李明、张云晟，2019）。可以说，产业结构变动所走过的任何一段道路对未来产业结构变动的趋势和政策方向都有影响，但由于文献数量众多，所以本部分仅对国内学者关于产业结构变动的代表性文献进行综述，重点关注我国产业结构变动的特点、产业结构优化度的评价和测度及产业结构变动的影响因素分析这三个方面。

（一）中国产业结构变动特点的研究

张辉（2019）对我国产业结构变动进行了分段回顾。1949～1978 年为"建基与失衡"阶段，即建立以重工业为主的完整工业体系，农、轻、重发展比例失衡；改革开放即 1978 年以来进入"均衡与升级"阶段，即三次产业的产值结构和就业结构日趋合理，效率提升促进产业结构升级。作者对中国未来产业结构的发展趋势进行展望，指出中国正处于工业化后期产业转型升级阶段，数字经济将成为我国未来新的经济增长点。刘召（2019）将我国产业结构变动分为三个阶段：1949～1977 年为物质要素驱动下的重工业优先发展阶段；1978～2012年为物质要素驱动下的产业结构协调发展阶段；2013年以来为创新驱动下的产业结构转型升级阶段。周文慧（2019）也将我国产业结构的变动分为三个阶段：改革开放前30年以重工业为主，产业结构单一化；改革开放后30年，产业结构多元化，即工业占主导，服务业迅速崛起；党的十八大以来，产业结构高级化，即服务业占比提升。黄汉权（2019）就我国产业结构变动提出了与其他学者不同的阶段划分：第一阶段为1949～1978年以重工业为主的产业结构发展阶段；第二阶段为1979～2000年以轻工业为主的产业结构纠偏阶段；第三阶段为2001～2012年重化工业重回主导地位的产业结构发展阶段；第四阶段为2013年以来，服务业领跑的产业结构发展阶段。武力（2016）对三次产业结构变动的三阶段划分法是学界的共识，同时他提出我国产业结构在2000年出现了重化工业重启的现象。郭旭红、武力（2018）指出新中国产业结构的变动具有明显的阶段性特征，1949～1978年形成"畸重畸轻"的产业结构，1979～1997年为纠正失衡和产业协调发展阶段，1998～2012年为重化工业重启阶段，2013年以后，我国进入经济新常态，产业结构的调整则根据经济发展方式转变的客观要求进行相应调整。同时，作者指出新中国产业结构变动具有双重属性，属性之一是产业结构转型，属性之二是工业结构升级。

（二）中国产业结构变动过程中优化度的评价与测度研究

产业结构变动是产业结构合理化和高级化的过程，产业结构的合理化和高级化水平代表了产业结构的质量，高质量的产业结构意味着产业结构既合理又高级。

如何对产业结构的质量进行估算是经济统计分析中的一个热点和重点问题，测算方法和测算结果对制定相应的产业政策具有非常重要的理论指导意义。杨丽君和邵军（2018）构建了反映产业结构优化度的三项核心指标，即区域产业结构的合理化、高级化和生态化，然后采取灰色动态关联分析方法，与经济增长率相耦合，综合估算了1991～2016年我国长江三角洲、环渤海地区、泛珠江三角洲、东部、中部、西部的区域产业结构优化指标，结果表明我国整体产业结构优化度呈上升趋势，但区域差异明显，其中，长江三角洲地区的区域产业结构优化水平最高，西部最低。季良玉（2016）使用泰尔指数和结构偏离度，对全国及各地区制造业产业结构的合理化水平进行了实证研究，结果表明，通过模仿不能提升制造业内部结构的合理化水平，要想促进制造业内部结构合理化，必须自主创新，此外，外资技术溢出会降低制造业内部结构合理化水平。匡远配和唐文婷（2015）关于产业结构优化度的测度对评价我国各省区市产业结构的合理化和高级化水平具有一定的指导意义，通过构建合理值 - 高度值评判矩阵，作者指出2012年我国各省区市产业结构在两个指标上的位置，其中产业结构高度值和合理值都低于全国平均水平的只有西藏，产业结构高度值和合理值都高于全国平均水平的有上海、北京、天津和辽宁，产业结构高度值高于全国平均水平而产业结构合理值低于全国平均水平的有黑龙江、内蒙古、陕西、江苏、广东、浙江、吉林、宁夏、新疆、山东和贵州，产业结构高度值低于全国平均水平而产业结构合理值高于全国平均水平的有重庆、山西、福建、广西、湖北、河北、青海、甘肃、湖南、海南、云南、四川、河南、江西和安徽。高远东、张卫国、阳琴（2015）以产业结构高级化理论为基础，通过构建产业结构高级化的空间计量模型，实证分析了中国28个省区市在1992~2012年这一区间的面板数据，指出社会需求对产业结构高级化的影响最为显著，其中消费需求的推动作用最大，外商直接投资起阻碍作用，技术创新的作用不明显，人力资源供给整体上具有促进作用。刘伟、张辉、黄泽华（2008）在深入分析产业结构高度的基本内涵后，指出产业结构的衡量本质应包含对劳动生产率的衡量，该文首次以各产业比例与劳动生产率的乘积作为产业结构高度的衡量指标，分析了1978~2005年我国的产业结构高度，结果表明，我国各省区市的产业结构高度存在层次性，中西部地区低于东部沿海地区，从1998年开始，我国产业结构高度得到快速提升，进入良性轨道。黄溶冰、胡运权（2006）从一个新的视角利用信息熵构建了产业结构有序度的定量测算模型和指标体系，用以说明产业结构高级化水平。

综上所述，学者们对中国产业结构合理化和高级化的测度，大部分是分区域进行的，研究结论基本一致，即我国各区域的产业结构优化度都在提高，但存在区域差异。其中，东部沿海地区的产业结构优化度整体高于中西部地区，这与地区间的技术创新差异、消费需求差异、人力资源差异具有一定的相关性。

（三） 中国产业结构变动的影响因素研究

影响产业结构变动的因素有很多，如财政政策、技术创新、环境规制、要素投入、全球价值链及国内价值链、FDI、需求收入弹性、国际贸易等，本部分主要从财政政策、技术创新和环境规制角度对相关文献进行综述。

1. 财政政策

储德银、纪凡（2017）采用 GMM 估计方法考察税制结构变迁对产业结构调整的总量和结构影响，结果表明所得税对产业结构调整的效果显著，而消费税会阻滞产业结构的转型升级。严成樑、吴应军、杨龙见（2016）通过一个包含生产性财政支出和福利性财政支出的产业结构模型，发现前述两项财政支出能够降低农业部门的劳动力占比，加快产业结构的优化升级。孙正（2016）认为我国产业结构调整的重要推动力是以"营改增"为主线索的税制改革，这一改革降低了第二产业在国民经济中的比重，提高了第三产业的比重，促进了产业结构的优化。贾敬全、殷李松（2015）通过构建财政支出－产业结构的空间杜宾模型（SDM），指出恰当的财政支出政策对产业结构的优化升级具有战略指导意义。张同斌、高铁梅（2012）通过可计算的一般均衡（CGE）模型，指出财政激励政策比税收优惠政策更能有效促进高新技术产业的产出增长，从而优化产业结构。郭晔、赖章福（2010）研究指出财政政策和货币政策对产业结构的调整效应有差异，在第一、第三产业，财政政策的调整效应弱于货币政策，在第二产业，财政政策的调整效应强于货币政策。

2. 技术创新

周柯、王尹君（2019）运用面板门槛模型，以 2006 ~ 2017 年全国 30 个省区市的面板数据为依据，分析了环境规制与科技创新对产业升级的影响，研究表明，只有当科技创新水平跨越相应的门槛值之后，环境规制与科技创新才能对产业升级产生正向影响。蔡玉蓉、汪慧玲（2018）研究了创新投入在我国各省区市的分布格局及对产业结构升级的影响，研究结果表明，创新投入对产业结构升级具有正向作用，作用效果从东部、西部到中部依次减弱。付宏、毛蕴诗、宋来胜（2013）研究显示，创新投入对产业结构高级化具有显著影响，但动态影响机制没有被证明，此外，中国整体的产业结构高级化对后期的产业结构具有动态积极的正向连续性影响。吴丰华、刘瑞明（2013）认为自主创新能够促进产业升级，反过来，产业升级又通过微观需求的拉动效应、中观地区的协同效应及宏观国际贸易效应促进企业、地区、国家三个层面的自主创新。何德旭、姚战琪（2008）认为技术进步通过改变需求结构、供给结构、就业结构促进新兴产业出现，通过改变投资结构和增强一国产业竞争优势而使该国的产业结构整体升级。孙军（2008）研究表明，后发国家内部高层次需求的空间以及政府鼓励技术创新的政策对该国产业结构的升级有重要影响。周叔莲、王伟光（2001）将科技创新看作产业结构调整的动力，一个产业的技术创新活动越活跃，对创新成果的吸收和融合能力越强，产业化速度就越快，如果这个产业具有较强的关联性，可能引发新一轮的产业变革，进而导致产业结构突变。

3. 环境规制

童健、刘伟、薛景（2016）通过实证分析证实了环境规制对工业行业转型升级的影响呈现 J 形特征，而环境规制的资源配置扭曲效应和技术效应在污染密集行业和清洁行业间的相对大小影响 J 形曲线的拐点，就我国而言，环境规制强度对工业转型升级的影响在东部最低，在西部最高。钟茂初、李梦洁、杜威剑（2015）在理论上指出环境规制达到门槛值会驱动污染产业的转移和产业结构的本地升级，有效倒逼产业结构向低碳化调整。原毅军、谢荣辉（2014）运用门槛回归模型检验环境规制驱动产业结构调整的门槛特征及空间异质性，指出正式环境规制能有效驱动产业结构调整，因此，可将环境规制作为产业结构调整的新动力。肖兴志、李少林（2013）对环境规制影响产业结构升级路径的传导机理进行了分析，指出环境规制主要通过需求、技术创新和国际贸易影响产业升级。梅国平、龚海林（2013）研究指出：环境规制对产业结构变动的影响有进入壁垒、技术创新和国际贸易三个途径，进而形成了产业结构的外延式和内涵式的发展路径，并指出我国目前的产业结构属于外延式发展。

4. 其他

姚战琪（2019）使用中介效应检验法指出，我国服务业的对外开放，通过就业效应、贸易效应、资本效应、技术效应等方式间接促进产业结构升级和产业结构高级化。钱水土、王文忠、方海光（2019）用灰色关联模型，实证分析了绿色信贷与产业结构优化的关系，分析结果表明：绿色信贷与第三产业关联度最高，与第二产业的关联度次之，与第一产业的关联度最低。汪伟、刘玉飞、彭冬冬（2015）构建了多维产业升级指标，研究显示，可通过增加消费需求、加快人力资本积累和倒逼企业用资本和技术替代劳动来应对劳动力成本上升，推动制造业和服务业内部技术结构的优化，促进产业结构升级。黄亮雄、安苑、刘淑琳（2013）分别从调整幅度、调整质量和调整路径三个维度，构建了产业结构变动幅度指数、高级化生产率指数、高级化复杂度指数和相似度指数四个指数，考察与评价了中国自 1999 年以来的产业结构调整。黄亮雄、安苑、刘淑琳（2016）从微观企业的兴衰演变角度考察了我国产业结构的调整过程，考察期为 1999 ~ 2007 年，研究结果发现：在产业结构调整中，结构变动效应比生产率提高效应更明显；微观企业进入率高于退出率，表明中国的市场规模在扩大；此外，我国的产业结构存在二元特征，即东部地区的产业大多数是高附加值的资本与技术密集型行业，而西部地区则更多的是劳动密集型的传统产业，因此，我国的产业结构存在区域不平衡的特点。

二 印度产业结构变动的研究现状

印度在 1947 年脱离英国殖民统治获得独立，独立之初，有着和中国几乎相同的经济基础，两国相当于在同一条起跑线开始发展各自的经济，但两国产业结构的变动呈现较大差异。

学界对中国产业结构进行研究的文献可谓浩如烟海，专门研究印度产业结构的成果并不多见，而对印度的工业、农业、服务外包、IT 产业等进行单独研究的成果较多，本部分从两个角度进行归纳：专门研究印度产业结构变动特点的文献以及从印度模式的视角分析印度产业结构独特性的文献。

（一）印度产业结构变动特点的研究

印度产业结构变动并没有按照传统产业结构变动的路径发展，而是走出了一条独具特色的道路，呈现第三产业优先发展的"逆工业化"特征。高欣、申博（2011）通过中印两国产业结构比较，分析了印度三次产业产值占 GDP 比重的变化情况，指出：2001～2006 年，印度第一产业产值比重呈稳步下降趋势；第二产业产值比重波动很小，但高于第一产业产值比重；第三产业产值比重最高，比第一产业产值比重和第二产业产值比重都高，印度的主导产业是第三产业。

文富德（2015）从经济转型角度分析印度模式的利弊时指出，产业结构模式是经济发展模式的主要方面，他根据 1950～2004 年印度三次产业占 GDP 比重的数据，指出印度产业模式的基本特征是，在第二产业没有获得重大发展的情况下，印度就形成了以服务业为主的产业结构，其似乎正在形成一种依靠服务业拉动经济增长的模式。其他国内学者如杨丹辉（2010）、张雨涛和杨文武（2012）、张环（2007）的观点与文富德大致相同。

张少华、谢琳（2013）将服务业主导的产业结构模式看作南亚四国（孟加拉国、印度、巴基斯坦、斯里兰卡）的经济增长模式，指出南亚形成这样的经济发展模式是由服务业全球化、国际分工重构等外部因素和语言文化系统、重视职业和高等教育的传统、重视通信等基础设施的建设、积极推进体制改革等内部因素促成的，并指出这种服务业主导的经济增长模式是可持续的。

国内学者黄永春等（2012）根据摩根士丹利提供的数据，发现2011年印度服务业占GDP的比重达68.5%（达到中等发达国家水平），而制造业一直停滞在27%左右，作者指出：与中国的"率先工业化模式"不同，印度经济发展走的是"跨工业化"道路，即跨越工业化阶段，以服务业优先发展带动经济增长。作者指出这种模式形成的原因在于印度的基础设施薄弱而精英人才涌现，发展服务业有一定的优势，如资源环境友好、反向刺激工业等，但也存在一定劣势，如难以实现充分就业、社会和谐度低等。

印度学者Abhrajit Sinha（2019）在投入产出框架下，使用内生性结构突变方法分析了印度的产业结构变动，研究指出，如果从国家产业结构变动路径的纵向比较看，印度以服务业为主导的增长模式的确是一个"异类"，但如果从全球技术扩散和外溢的角度来观察印度的发展，从某种意义上说，印度和大多数其他发展中国家一样，只是在遵循现代的发展形式——"第三产业化"，并没有表现出任何独特的发展道路。

印度学者Purba Roy Choudhury和Biswajit Chatterjee（2016）也通过内生性结构突变法分析了印度服务业的增长情况，将印度经济增长的结构变化分为四个阶段，分别是阶段一（1950～1980 年）、阶段二（1980～1990 年）、阶段三（1990～2000 年）、阶段四（2000～2010 年），并指出，从第二阶段开始，服务业开始成为印度经济增长的第一推动力，特别是其中的运输、储存和通信以及银行、保险和金融服务。

Abhrajit Sinha（2015）指出：印度之所以出现这种特色鲜明的产业结构变动模式，是因为全球贸易的增长和技术的全球传播为不发达国家创造了一个机会，使它们能够接受或选择最新的技术密集型产品，从而走上计算机化和资本密集型的"第三产业化"发展道路，而不是"典型"的"工业化"发展道路。

（二）从印度模式的视角分析印度产业结构变动特点的研究

杨文武、雷鸣（2008）通过剖析印度模式的形成基础、架构体系及其存在形态，指出印度经济结构的一个显著特征就是印度并非按照传统的产业结构变动次序，即"农业—工业—服务业"的次序逐渐升级递进，而是呈现了错位式或跳跃式的产业结构变动过程，印度似乎是"工业革命模式的一个例外"。

张立、王学人（2008）通过考察印度 1950～2000 年各产业部门的年均增长率、各产业产值占 GDP 的比重、服务部门的就业比重及印度各产业的就业增长率，指出印度服务业超过工业而占据主导地位并不令人格外惊奇，颇令人不解的是，尽管印度在产值结构上发生了巨大变化，但是，就业结构不是如此，服务部门在新增或创造就业方面大大地滞后了，印度这种以服务业为主导的经济发展模式与其他国家颇为不同。

印度学者 G. Ramakrishna（2010）使用新古典生产函数并引入服务业增长作为变量之一，研究了 20 世纪 90 年代服务业增长对经济增长的影响。作者指出，除了服务业增长之外，工业、农业和 20 世纪 90 年代的开放政策也对印度的经济增长产生了积极影响，但服务业对印度的经济增长贡献更大。

综上分析，印度自 1960 年以来，产业结构已经发生了比较明显的变化。库兹涅茨和克拉克曾经指出，在历史发展进程中，首先是农业部门占主导地位，对 GDP 的贡献最大；随着人均收入的增加，农业部门所占份额减少，对 GDP 的贡献减弱，工业部门所占份额增加，对 GDP 的贡献增加；随着制成品消费的饱和，对服务业的需求开始产生，服务业所占份额开始增加，成为主导部门。然而，印度的实际情况是，服务业先于制造业实现快速增长，与库兹涅茨和克拉克的结论相矛盾。除此之外，印度产业结构的变动主要发生在各产业的产值结构上，而各产业的就业结构则变化缓慢，特别是服务业并没有像其他国家一样吸收大量剩余劳动力，剩余劳动力仍滞留在农业部门。这种缓慢变化不利于印度总体劳动生产率的提高，对于一个发展中的人口大国，解决几亿人的就业和贫困问题仍然任重而道远。

三 中印产业结构变动的比较研究现状

知网提供的第一篇对中印产业部门进行比较的文献，是苏伦特拉·杰·帕蒂尔的论文，文中专门有一部分做了中印比较研究，作者认为比较中印的总收入没有意义。他指出，独立之初，印度的工业比中国强大，因为中国受到各种战乱的严重破坏，但到1978年，中国工业已经在很多方面超过印度，例如煤炭、原油、木材的产量，中国是印度的5倍以上，生铁、钢、水泥、化肥、自行车的产量，中国是印度的3~5倍，电力、机床的产量，中国是印度的2~3倍。在农业方面，中国生产的所有作物，如谷物、棉花的产量都超过印度。在运输方面，中国铁路线比印度少1/5，但中国的货运量是印度的3倍多。论文提到1950年印度是回头看中国，现在是向前看中国，且可能望尘莫及，因为中国在一些重要的工业方面实现了突飞猛进的发展。

1990年之前关于中印产业结构比较的文献都是零零散散的，因为在此前，中印产业结构并没有什么突出特点，还没有"世界工厂""世界办公室"这样的特色出现。1990年以后，有关中印产业结构比较的文献开始增多，大致有两大类：一类是专门就中国和印度的产业结构进行比较的文献；另一类是在比较中国和印度的经济发展模式时进行的中印产业结构比较，而且是中印经济发展模式中最有特色的一部分。就比较的内容而言，不仅比较了两国产业结构的差异，还分析了两国产业结构差异的原因。就比较方法而言，既有定性比较，也有定量比较，即通过计量经济模型进行比较研究。

中外学者对中印产业结构的特点持一致意见，即中国走的是以工业为主导产业的发展路径，印度走的则是以服务业为主导产业的发展路径。但至于中印产业孰优孰劣，意见则不一致。认为中国产业结构优于印度的学者居多，认为印度产业结构优于中国的学者占少数。雷霆（2013）指出中国产业结构中第二产业升级的困难较大，将对经济增长造成不利影响，而印度的产业结构合理，为其经济增长提供更多潜能。

　　徐小苍（2008）比较了中、印、俄、巴四国产业结构转型的特点。四个国家的产业结构都处于转型阶段，其中，中国的产业结构转型是积极适应与政府引导型，形成了现在的以农业为基础、以高新技术产业为先导、以基础产业尤其是制造业为支撑、服务业全面发展的产业结构。印度则实施民主政治稳定下的重工业优先发展战略，但20世纪90年代后该战略并没有得到充分贯彻，产业结构转向以IT产业为导向的现代服务业主导的模式。意大利都灵大学的Valli和Saccone（2009）共同发表了论文，题为《中印结构变革与经济发展》，在这篇论文中，两位学者运用格申克龙提出的"相对经济落后"和"福特主义增长模型"，同时运用库兹涅茨和钱纳里等提出的"生产率效应"和"再分配效应"，对中印产业结构进行分析，指出中国产业结构调整更高级化，这归因于改革开放以及20世纪90年代中后期工业出口的增加。而印度的产业结构调整则较为平衡，对国际市场的依赖性更小，但印度的工业部门比较分散，小型企业和大量的非正式企业仍在印度经济中扮演着重要角色，这也使得印度的发展没有实现"福特主义增长"。张鹏辉（2010）认为中国遵循传统的产业结构变动路径，而印度的产业结构独具特色，构成了印度模式的基础。作者从两国的基础教育进而从人力资本禀赋角度进行分析，认为印度的人力资本不匀质，其最大的优势是拥有很多工程师和设计师，这是印度发展 IT 服务外包的主要原因，而中国的劳动力素质虽然普遍高于印度，但更匀质，适合发展制造业。郑美琴（1990）认为中印产业结构都存在问题：首先，第一产业产值比重较发达国家偏高；其次，产业结构变动比较缓慢。作者认为，总的来说，中国的产业结构优于印度。两国产业结构之所以存在上述问题，一是因为两国没有明确的、合理的产业政策；二是因为两国缺乏产业结构自动调整的机制，比如要素流动存在障碍；三是在思想上注重总量增长，忽视结构及其转变。杨秀齐（1998）分别从静态和动态角度对中印产业结构变动进行了比较，分别考察了中印产值结构和就业结构，指出中国和印度的工业化程度都低于发达国家，且印度的工业化程度更低，而且印度第三产业对农村剩余劳动力的吸纳能力不强，这一结论与任佳不同，任佳（2011）认为印度第三产业具有很强的吸纳劳动力的能力，且对经济增长贡献最大。此外，杨秀齐（1998）还从第一产业和第二产业的内部结构入手进行了中印对比，作者认为，截至 1992 年，中印第一产业内部结构相当，且都处于低级水平；而在第二产业内部结构方面，两国具有相似性，但印度的工业比重和增长幅度都小于中国。

以上对中印产业结构进行比较研究的文献都是从三次产业产值比重、就业比重角度展开分析的，曹虹剑、吴红霞等（2017）等则从大国视角对中印两国的产业体系进行了比较研究，认为 2000～2015 年，中国产业体系的发展水平一直高于印度，但印度产业结构软化①的程度更高；大国需要充分利用产业规模和市场规模大的优势，建立产业新体系，积极参与国际分工。陈玮（2017）从"中层制度"角度指出中印产业结构的差异源自两国的比较制度优势差异，即由于中层制度的不同，两国企业在获取土地、资本、劳动力及技术四个方面不同，从而产生了不同的产业结构形态。毋姣（2017）从产业空间理论视角对中印产业升级进行比较研究，指出中印产业都存在落后产业不退出的现象，降低了资源的配置效率，阻碍了经济复杂度较高的产业的形成与发展。

四　中印产业结构变动的研究现状简评

有关中国产业结构变动的研究，主要从变动特点、优化度、影响因素三方面展开。第一，关于中国产业结构的变动特点，学界已达成共识，即三次产业产值比重由高到低排序呈现从第一、第二、第三产业到第二、第一、第三产业再到第三、第二、第一产业的变动过程；第二，关于中国产业结构的优化度，现有文献主要从合理化和高级化两个指标进行衡量，总体是逐渐优化的趋势；第三，关于中国产业结构变动的影响因素，主要从财政政策、技术创新、环境规制、要素投入、全球价值链及国内价值链、FDI、需求收入弹性、国际贸易等角度

---

① 产业结构软化是指在社会生产和再生产中，体力劳动和物资资源的消耗相对减少，脑力劳动和知识的消耗增长，通常表现为"经济服务化"及对信息、服务、技术和知识等"软要素"的依赖程度加深。

展开分析。

有关印度产业结构变动的研究主要从专门研究印度产业结构以及从印度模式视角分析印度产业结构独特性两方面展开，国内外学者对印度产业结构变动的特殊性达成共识，即三次产业产值比重由高到低排序呈现由第一、第二、第三产业到第三、第一、第二产业再到第三、第二、第一产业的变动过程，这与中国不同。

对中国和印度的产业结构变动进行比较的文献相对来说不多，且现有文献主要是对两国产业结构中三次产业产值结构的差异进行比较，对两国这种差异化产业结构变动模式的原因及其对经济增长的影响进行比较研究的文献较少，而这种差异化发展的经验对其他发展中国家具有很强的借鉴意义。

第三节　国内外关于产业结构对经济增长影响的研究现状

一　国内关于产业结构对经济增长影响的研究现状

在图书馆中文学术资源发现平台以主题词"产业结构、经济增长"进行搜索，条件限定图书、期刊、学位论文，时间范围在 1990～2020 年，共返回 391530 个结果，总被引频次为 1511317 次，可见这一研究主题一直是国内学者的关注重点

（见图 1.1）。

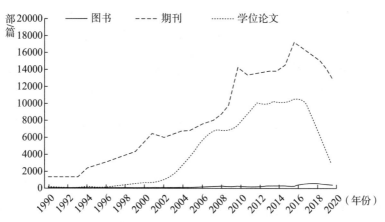

图 1.1　1990～2020 年有关产业结构、经济增长
文献的数量变动趋势

资料来源：图书馆中文学术资源发现平台。

综观相关文献，发现以下特点。

第一，此类主题研究基本都是实证研究（贾仓仓、陈绍友，2018；郭熙保、王筱茜，2017；徐晖、杨飞，2016；傅元海、叶祥松、王展祥，2016；吕健，2012；苏振东、金景仲、王小红，2012；干春晖、郑若谷、余典范，2011；胡晓鹏，2003；刘伟、李绍荣，2002；赵京，1998；吕铁、周叔莲，1999），定性研究数量少（周振华，2014；胡晓鹏，2003）。在实证研究方面，干春晖、郑若谷、余典范（2011）通过建立产业结构变迁与经济增长的计量模型进行研究，发现产业结构合理化与经济增长的稳定关系较强，而产业结构的高级化对经济增长的影响是不确定的；纪玉山、吴勇民（2006）根据协整理论和格兰杰因果关系检验理论，利用 1978～2003 年的面板数据进行实证分析，结果表明，我国经济增长与产业结构之间存在协整关系，配第－克拉克定理得到验证，库兹涅茨的收入决定论被否定，就我国而言，产业结构变动是经济增长的原因而不是结果。苏振东、金景仲、王小红（2012）通过构建动态偏离份额模型，分析中国三次产业及工业内部劳动力和资本的配置情况，以确定在三次产业与工业内部劳动力和资本转移中是否存在"结构红利"现象。结果表明："结构红利"现象存在于三次产业结构变迁的要素流动过程中；"结构负利"现象则存在于工业内部结构变迁的要素流动过程中。综合来看，劳动力从第一产业流向第二、第三产业，提高了整个社会的劳动生产率，资本向第二产业中生产率较低的行业流动，降低了工业内部全要素生产率的增长。在定性研究方面，周振华（2014）以动态结构的非均衡变动为基础，通过对产业结构的增长效应进行分析，把总量增长描述为一种结构变动和配置的回波效应促使经济增长不断加速的过程。胡晓鹏（2003）从理论方面研究了经济增长与产业结构的联动效应，指出产业结构和经济增长之间存在一种累积性、双向循环式的作用机制。

第二，研究视角多。

（1）创新或技术视角。李政、杨思莹（2017）运用面板三阶段最小二乘法，构造联立方程，对科技创新、产业结构升级与经济增长的互动机理进行实证检验，实证结果表明，整体来看，我国产业升级对经济增长的拉动作用不强，在东部地区，科技创新、产业结构升级与经济增长是相互促进、相互依赖的，而在中西部地区，产业结构升级与经济增长之间相互促进的作用并不明显，没有形成良性互动机制。

（2）能源视角。金殿臣、李媛（2017）通过误差修正模型与格兰杰因果关系检验对我国1953～2014年能源消费与GDP、第二产业、第三产业之间的关系进行了实证检验，结果表明：中国能源消费与GDP、第二产业、第三产业存在长期稳定的关系。

（3）城镇化视角。徐传谌、王鹏、崔悦等（2017）构建了一个个体固定效应模型，利用2000～2015年的省级面板数据，研究了产业结构、经济增长与城镇化间的相互关系，指出调整优化产业结构，解决制约经济发展的结构性矛盾，实现一产稳定、二产优化、三产加快，才能保证经济增长与产业结构协调发展并促进城镇化发展。

第三，省级区域研究多。阮萍、李雅旭（2019）对呼包鄂城市群的产业结构演进与经济增长关系进行了实证研究，指出：呼和浩特、包头的产业结构呈现高级化，而鄂尔多斯的第二产业所占比重过大，产业结构演进相对滞后；产业转型大体上呈现加速态势并具有明显的周期性；第三产业已成为经济增长的主导力量，而第二产业、第一产业在国民经济中的作用有所弱化；鲁奇、张超阳（2008）利用偏离－份额分析方法研究了河南省产业结构演进与经济增长的关系，结果表明：河南省产业结构的水平低下，但演变趋势符合产业演变的一般规律，河南产业空间差异明显，产业结构对经济增长的影响在不同区域表现不同，区域差异大，总体看，中部、西部和北部优于东部和南部。董本云、李海峰、许春燕（2002）对吉林省产业结构对经济增长的影响进行了实证研究，通过建立三元线性回归模型，指出财政收入增长率与三次产业增长率都存在相关关系，其中与第一、第二产业存在反向关系，与第三产业存在正向关系。靖学青（2005）对长三角地区的产业结构高级化与经济增长进行了实证研究，结论是长三角地区的产业结构高级化水平与经济增长有显著的正相关关系，但由长三角 15 个城市地区构成的区域组合产业结构高级化水平与经济增长不存在相关关系。

总的来看，国内大部分文献显示我国或地区产业结构变动对经济增长有着比较显著的影响，而且产业结构对中国经济增长的支撑效应尚未达到递减的阶段（刘志彪、安同良，2002）。但并不是所有研究结果都是乐观的，我国改革开放以来（1979～1996 年）三次产业结构的资源再配置效应对经济增长的贡献率仅为 3.04%（吕铁、周叔莲，1999）。一些省份的产业结构升级与经济发展水平并不协调，特别是经济发展水平落后的地区，反而会出现"早熟"的产业结构高级化现象，但工业结构升级的水平整体而言又比较低，出现了产业结构"高级化之谜"，这就需要这些省份在新技术的引进和创新上下功夫（胡立君、许振凌、石军伟，2019）。更不乐观的，刘伟、张辉（2008）认为我国产业结构对经济增长的贡献率呈不断降低的趋势。龚仰军（2002）对我国三大产业与经济增长的关系进行了研究，重点分析了现代经济增长中的结构变动因素，并对结构变动的效应进行了量化分析，分析结果显示：目前我国的经济增长与结构变动之间还没有表现出明显的因果关系。

二　国外关于产业结构对经济增长影响的研究现状

法国学者 Pierre Philippe Combes（2000）利用法国 1984 ~ 1993 年的数据，以 52 个制造业部门和 42 个服务业部门为样本，研究这些部门的专业化、多样化、竞争性、平均规模以及总就业密度对当地 341 个地区就业的影响，进而研究对经济增长的影响。结论是当地产业结构对经济的影响因工业和服务业而异。在工业部门，当地的总就业密度、竞争性和平均规模会阻碍经济增长，部门的专业化和多样化对增长有负面影响，但会促进少数部门的增长；服务业总是表现出负的专业化效应和正的多样化效应，竞争性和平均规模会产生负面影响，总就业密度会产生正面影响，但某些行业也有例外。

Buera 和 Kaboski（2009）将非同质偏好、有偏生产率及价格变动整合到一个标准的新古典增长模型中，对美国 1870 ~ 2000 年的服务业增长进行探索，发现专业和高技能劳动力对经济增长做出了显著贡献。也就是说，经济增长是由技术密集型服务业推动的，而不是低技能工作。Jorgenson 和 Timmer（2011）通过 1980 ~ 2005 年各发达国家的统计数据发现，服务业在经济中占主导地位，成为提高总生产力的重要力量。

Florian Noseleit（2013）从企业家创新视角研究产业结构与经济增长的关系，作者以 20 世纪 70 年代中期正处于经济转型加速阶段的工业化国家为历史框架，利用德国 1975 ~ 2002 年的数据进行实证研究，指出产业部门的资源再分配是将企业家创新活动引入经济增长的一个方法，研究结果表明创新活动引起的结构变化与经济增长正相关。该研究在企业家精神、结构变动、经济增长之间建立了数量关系，验证了之前的定性描述，即企业家活动通过跨部门要素的重新配置与经济增长相关，而经济增长由结构变化驱动，适应结构变化的能力对经济发展至关重要。

Krishna 等（2015）利用印度的 KLEMS 数据库，将劳动生产率和全要素生产率增长分解为行业生产率贡献和资源再分配，研究发现，随着工人转移到劳动生产率相对较高的部门，静态结构变化对劳动生产率开始产生积极影响。然而，该研究没有观察到积极的动态再分配对工人向快速增长的部门流动的影响。

三 国内外关于产业结构对经济增长影响的研究简评

通过前面的文献梳理不难发现，关于产业结构对经济增长影响的研究文献中，国内学者主要集中于对现实情况进行实证分析，并根据结论提出具有一定指导意义的政策建议，也就是说国内学者在这一研究主题上更有针对性。对于国外相关文献，由于掌握的文献数量不多，评价可能会有偏颇，就前述几篇文献而言，国外学者在研究产业结构与经济增长的关系时，可能更关注产业结构中某一具体部门与经济增长的关系，而很少从产业结构整体层面去研究产业结构变动对经济增长的影响。

第四节 创新之处和难点

一 本书的主要创新之处

自中国和印度打破与世界经济的刻意隔离、发展市场经济以来，两国的经济开始在波动中上行。对于广大的不发达国家而言，中印两国的表现意义重大，既为他国的发展树立了信心，又为他国的发展提供了可借鉴的经验。本书可能的创新之处主要有以下三个方面。

首先，观点的创新。传统的有关产业结构变动及其对经济增长影响的理论认为这种变动和影响是线性的。因此，最先发展的农业部门被称为第一产业；其次发展的工业部门被称为第二产业；最后发展的服务业部门被称为第三产业。对应的经济发展阶段有农业社会、工业社会和服务业社会。本书在运用发展经济学、产业经济学的基本理论分析中国和印度的产业结构变动时，不是简单依照传统产业变动理论对中印产业结构的变动进行否定或肯定，而是以两国的经济发展事实为依据，分析两国各自特有的产业结构发展道路及其变动原因，为传统的产业结构线性变动理论提供补充说明和扩展。本书认为，传统的以配第－克拉克定理为基础发展起来的产业结构变动理论，解释不了中国和印度产业结构的变动路径，应该在全球化视角下，分析产业结构变动。所谓全球化视角，一方面，发达国家已经进入以服务业为主导产业的后工业社会，发达国家将通过全球产业价值链对后发国家的产业结构变动产生一个重大的外部影响；另一方面，随着以互联网、大数据、人工智能为特征的经济信息化、知识化的到来，工业化的过程必然受到影响。不同于发达国家"自组织"[①]的工业化发展进程，后发工业化国家的"他组织"[②]作用更明显。在这种"他组织"效应的影响下，一国的产业结构变动及其对经济增长的影响是相互交织在一起的，并非以线性形态更迭。

其次，研究视角的创新。1985年以来，中国和印度两国的学者分别在印度首都新德里和中国首都北京就中印经济发展问题举行了四次讨论会，互相交流各自在经济建设中的经验，这些经验不仅有利于两国之间相互学习和借鉴，而且对世界其他发展中国家也具有参考意义。综观中国知网相关文献，国内学者主要从中印人口变动、金融发展、气候、对外开放、外国直接投资、文化、制度、人力资本八大方面对两国经济增长差异进行了比较。深入研究上述因素可以发现，这些因素直接影响了产业结构，间接影响了经济增长。工业化和产业结构变动对经济增长至关重要，但很少有文献系统地将产业结构变动和产业贡献作为中国经济增长的源泉（Jingfeng Zhao，Jianmin Tang，2015），特别是对产业结构变动对经济增长的影响进行中印比

---

① 自组织是指在没有外部指令的条件下，系统内部各子系统之间能自行按照某种规则形成一定的结构或功能的现象。

② 他组织与自组织相反，表示系统的运动和形成的组织结构是外来特定的干预和外界指令的结果。

较的文献就更少了。本书第六章将从中印比较视角研究产业结构变动对经济增长的影响。

最后，数据来源的创新。在实证分析中，本书将使用 KLEMS 数据库。以往研究各种要素投入对宏观经济影响的方法都采用总量分析法，即在不同的要素投入数量下，对总产出的变化进行比较静态分析。这种分析方法具有局限性，首先，总量分析方法忽略了生产要素之间存在替代的可能性（王云松、孙凤娥，2013），比如资本与劳动、能源与原材料，这种替代对经济增长的影响程度，通过总量分析法是反映不出来的。比如以更多的资本替代劳动，我们只看到了经济增长，但到底是由数量变化引起的增长还是由生产效率变化引起的增长或者说两者同时变化引起的增长，我们无法确定。其次，在进行具体的实证统计比较时，需要用到一些数据，这些数据要求具有可比性并保证质量，否则，实证结论并不具有真实意义，因为统计数据在统计口径、范围、计算方法等方面存在地区或国别差异。例如，在对中国和美国的失业率进行比较时，我国的失业人口统计口径是城镇登记失业率，而美国使用调查失业率，此时对两国的失业数据进行比较就没有太大意义。

KLEMS 是一个覆盖大量国家的标准数据库，可以作为经济增长领域的实证和理论研究的有用工具。该数据库包括产出和投入增长的衡量指标，以及衍生变量，如行业层面的多要素生产率。投入要素包括资本（K）、劳动力（L）、能源（E）、材料（M）和服务（S）。这些变量是围绕增长核算方法组织的，它的一个主要优势是植根于新古典生产理论，提供了一个清晰的概念框架，在这个框架内，变量之间的相互作用能以内部一致的方式进行分析（Mary O'Mahony，Marcel P. Timmer，2009）。KLEMS 既可以用来分析国家间经济增长率的差异，也可以用来分析行业层面的各种投入贡献份额及生产率增长。本书实证部分的方法和数据来源于此。

二 研究中的难点

由于对产业结构和经济增长的实证研究需要大量数据作为支撑，因此，搜集数据是本书的最大难点。虽然有 KLEMS 数据库，但数据库中有些数据并不是直接可用的，需要根据研究目的进行处理，这是一个重要的基础性工作，工作量巨大。

第二章　产业结构优化变动理论

自 2008 年金融危机以及接踵而至的欧债危机以来，世界经济增长放缓、增长动力不足、产业结构问题突出等一系列问题摆在了世界各国面前，这些问题并不是孤立存在的，而是盘根错节地缠绕在一起，这正是对"经济增长与产业结构升级具有强相关性"这一论断的一种事实例证（江小涓，2005）。2019 年末，一场突如其来的新冠肺炎疫情从需求、供给、金融三个主要层面冲击了世界经济，进而对世界各国产业结构的优化变动提供了契机并指引了方向。产业结构变动的目标是实现产业结构优化，即产业结构效率和水平不断提高的动态过程，产业结构变动的结果对经济增长的影响是深远的。优化的产业结构是经济持久发展的动力，与经济增长形成良性循环；相反，劣化的产业结构则是经济脆弱性增长的根本原因，以此为基础的经济增长如同海市蜃楼。因此，产业结构变动及其优化是经济增长的必然要求。随着科技进步和需求的变化，产品需求结构和供给结构之间会出现偏差，进而引起产业之间的不平衡增长，表现为各个产业部门之间及产业内部之间数量比例关系及地位的变动，量变积累到一定程度引起产业结构的质变，从而使产业结构向更优状态调整。

第一节　传统的产业结构优化变动理论

一　配第－克拉克定理

在经济学领域，亚当·斯密是公认的现代经济学鼻祖，他于 1776 年出版了《国富论》，奠定了其"经济学之父"的地位。在他之前的早期经济学思想尚不明晰，通常被提及的频率不高，但出于就业及就业结构变化对经济增长重要性的考虑，有必要退回到亚当·斯密之前的、17 世纪的思想家威廉·配第（1623～1687 年）那里。这位思想家的伟大之处在于他没有受到同时代"重商主义"思想的羁绊（鲁友章，1964），他在观察他那个时代的生产转型时认识到："土地为财富之母，而劳动则为财富之父。"另外，配第不仅认为劳动是重要的，而且认为产业结构作为一种新的社会结构，是劳动分工的结果（Vélez Tamayo, Julián Mauricio, 2016）。在配第看来，"工业的收益比农业多，而商业的收益又比工业多"（威廉·配第，1960）。这种产业间相对的收入差，会推动劳动力从低收入的产业向高收入的产业转移。可以说，威廉·配第是最早注意到产业结构变动的学者（任佳，2011）。

必须强调的是，现在我们看到的配第－克拉克定理，其真正作者是英国经济学家、统计学家科林·克拉克（1905～1989年），而他也认可配第对自己的影响。当然，配第－克拉克定理也离不开英国经济学家费希尔对三次产业提法的贡献（于刃刚，1996）。20世纪40年代，科林·克拉克在《经济进步的条件》一书中，以配第定理和费希尔的三次产业划分为基础，对40多个国家和地区在不同时期（1925～1934年）三次产业的劳动投入产出资料进行了整理和归纳，总结出：随着经济的发展和人均国民收入水平的提高，劳动力首先由第一产业向第二产业转移，然后再向第三产业转移（Colin Clark，1940）。劳动力在产业之间的分布状况是，第一产业比重不断减少，第二产业和第三产业比重顺次不断增加，劳动力在不同产业间的流动原因在于不同产业之间收入的相对差异（李悦，2004）。由于克拉克印证了配第的发现，这一规律被后来的学者称为"配第－克拉克定理"。

对于劳动力为什么会在三次产业间发生这样的转移，克拉克从劳动生产率和产品需求两个维度进行了分析。在第一产业，劳动生产率的提高和大众对农产品相对需求的下降导致劳动力不断地从第一产业转移出去；对于第二产业，劳动生产率的提高和大众对工业品需求的增加导致劳动力需求增加，这些劳动力主要来自农业部门，随着经济的进步，大众对工业品的需求趋向稳定，工业部门的劳动力又逐渐转移出去；第三产业的情况与农业、工业有所不同，大众对服务的需求的增长速度快于该部门劳动生产率的增长速度，因此，该部门会不断地吸收大量劳动力，引起劳动力的流入。此外，法国学者 Fourastie 从技术进步角度分析了劳动力在产业间转移的原因，指出：技术进步一方面提高产量，另一方面改变生产结构，进而改变需求结构，产品供给的丰富使大众的需求逐级递增，最后产生"第三产业饥渴症"，这就需要劳动力从产品饱和部门向产品需求旺盛的部门转移，即农业劳动力离开土地，工业劳动力转向服务业（于刃刚，1996）。

二 库兹涅茨的产业结构优化变动法则

美国著名经济学家、统计学家西蒙·库兹涅茨（1901～1985 年）于 1971 年获得诺贝尔经济学奖，他对经济学的特殊贡献在于通过一系列开创性论文对现代经济增长进行了综合性的研究，在长期转型研究者中，库兹涅茨是经验研究的最佳代表（Moshe Syrquin，1988）。他为结构转型提供了典型事实，但并没有给出一个关于发展的理论，因为他已把自己的研究看作理论的基石。

库兹涅茨在其 1971 年的著作《各国的经济增长：总产值和生产结构》中，对总产值的部门份额和劳动力的部门份额分别进行了截面考察和长期趋势的分析，实际上就是考察在现代经济增长中，各生产部门的增长速度（横截面研究）以及各部门在总产出或总投入中的份额变化（长期趋势研究）。库兹涅茨解释了各部门在总产出或总投入中的份额变化原因：首先，在不同收入水平及消费者对商品有不同需求弹性和收入弹性的条件下，人均收入的提高会引起国内需求结构的变化，进而引起产业结构的变化；其次，由于运输及信息技术革命，国家之间的贸易往来更频繁，改变了国家间在世界市场上的比较优势，导致出口产品需求结构发生变化，由此改变了国内的产业结构；最后，不管国内外需求结构如何变化，单是生产工艺技术的变化就会对不同的部门产生不同的影响，有些部门的效率提高得快些，有些部门的效率提高得慢些，进而引起产业结构的变化。总之，经历着现代经济增长的经济体，其产业结构由于上述原因会发生迅速变化。如果不去理解和衡量产业结构的变化，就难以理解经济增长的发生。

应该说库兹涅茨的经验研究所搜集的数据量是相当庞大的，样本国家有 57 个，按照人均收入平均值分为 8 组，再考察不同部门在不同人均收入下的产值比重和就业比重，而且提出了几个概念，如离中趋势①、反应弹性值②等，这是一项烦琐的研究工作，但他并没有使用正式的统计技术（Moshe Syrquin，1988）。库兹涅茨的辛苦工作，给了我们以下结论。

第一，人均收入越高，部门 A（相当于第一产业）的产值比重越低，代表两者呈反向变动关系，在收入最低的国家，部门 A 的产值比重最高，而在收入最高的国家，部门 A 的产值比重最低。部门 I（相当于第二产业）和部门 S（相当于第三产业）的产值比重与人均产值都成正比。

---

① 用份额最大的 6 个国家和份额最小的 6 个国家的平均数的变动范围来度量。

② 当国内生产总值增长 20% 时，各部门对国内生产总值（按人口平均）的绝对贡献的百分比差异的平均比率。反应弹性值越偏离 1.0，按人口平均值的差异对部门份额的影响越大。

第二，在农业部门，就业比重和产值比重都处于不断下降趋势；在工业部门，产值比重和就业比重呈上升趋势，但上升速度有差别，就业比重的上升速度较慢；在服务业部门，产值比重和就业比重也都是上升的，但就业比重的上升速度更快，说明服务业部门吸纳劳动力的能力高于产值增长的能力，因此，服务业被称为劳动力的"蓄水池"。

第三，库兹涅茨区分了结构转变的两个阶段。在发展进程的初期，一个经济体将其大部分资源分配给农业部门。随着经济的发展，资源从农业重新配置到工业和服务业。这是结构转变的第一阶段。在第二阶段，资源从农业和工业重新分配到服务业（Elhadj M. Bah，2008）。

三　钱纳里和赛尔昆的跨国模型

钱纳里和赛尔昆在合著的《发展的型式：1950～1970》一书中，吸取了库兹涅茨的研究成果，修正了库兹涅茨关于研究对象覆盖不全面（库兹涅茨的研究对象不包括三类国家：社会主义国家、人口少于一百万的国家、生产结构单一的石油和矿产生产国）和研究工具不先进的问题，将发展中国家作为重要的研究样本，运用正式的统计技术——统一回归方程，统计分析了101个国家在1950～1970年的相关数据资料，构建了著名的跨国模型，由该模型整理出一个关于产业的标准结构模型，运用该模型可以分析一个国家的产业结构处于哪一个阶段。

钱纳里和赛尔昆构建的跨国模型如下：

$$X = \alpha_i + \beta_1 \ln y + \beta_2 (\ln y)^2 + \gamma_1 \ln N + \gamma_2 (\ln N)^2 + \sum \delta_i T_j \quad (2.1)$$

在公式（2.1）中，X 为因变量，包括投资、政府收入、教育、国内需求结构、生产结构、贸易结构、人口和分配过程、城镇化、人口过渡（出生率、死亡率）、收入分配，每类因变量还细分为几项，如投资细分为国内储蓄总额占 GDP 百分比、国内投资总额占 GDP 百分比、资本流入占 GDP 百分比。

α_i = 国家 i 的常数；y = 以 1964 年美元计算的人均国民生产总值；N = 总人口数（百万）；T_j = 时期（j = 1，2，3，4）。

由公式（2.1）使用中等规模国家的数值进行回归，结果见表 2.1，该表可以用来说明伴随着人均国民生产总值从低于 100 美元提高到 1000 美元及以上的过程中出现的经济结构上的变化。

表 2.1　钱纳里和赛尔昆的跨国模型回归结果

	人均国民生产总值的基准水平（1964，美元）								
	< 100	100	200	300	400	500	800	1000	> 1000
产值结构（%）									
农业	52.2	45.2	32.7	26.7	22.8	20.2	15.5	13.8	12.7
工业	12.5	14.9	21.5	25.1	27.6	29.4	33.1	34.7	37.9
公用事业	5.3	6.1	7.2	7.9	8.5	8.9	9.8	10.2	10.9
服务业	30.0	33.8	38.5	40.3	41.1	41.5	41.6	41.3	38.5
就业结构（%）									
农业	71.2	65.8	55.7	48.9	43.8	39.5	30.0	25.2	15.9
工业	7.8	9.1	16.4	20.8	23.5	25.8	30.3	32.5	36.8
服务业	21.0	25.1	27.9	30.4	32.7	34.7	39.8	42.3	47.3

资料来源：钱纳里、赛尔昆：《发展的型式：1950~1970》，李新华、徐公理、迟建平译，经济科学出版社，1992，第 32 页。

从回归结果可以看出，每个国家在不同的经济发展阶段，所具有的经济结构的标准数值是不同的，如当人均国民生产总值达到 500 美元时，农业部门的产值比重为 20.2%，工业部门的产值比重为 29.4%，公用事业部门的产值比重为 8.9%，服务业部门的产值比重为 41.5%；而农业部门的就业比重为 39.5%，工业部门的就业比重为 25.8%，服务业部门的就业比重为 34.7%。随着人均国民生产总值的增加，产业结构呈现有规律的变化，如当人均国民生产总值达到 1000 美元时，农业部门的产值比重下降到 13.8%，就业比重也下降到 25.2%，工业部门的产值比重上升到 34.7%，就业比重上升到 32.5%，服务业部门的产值比重达到 41.3%，就业比重达到 42.3%（钱纳里、赛尔昆，1992）。

钱纳里和赛尔昆构建跨国模型的目的，是为不同国家或地区在不同的经济发展阶段提供一个标准的产业结构样本，从而评价该国的产业结构是否合理，同时也能为一国或一个地区根据经济发展目标制定相应的产业政策提供理论支撑。

四　工业化内部结构合理化标准——霍夫曼定理

1931 年，霍夫曼在其著作《工业化的阶段和类型》一书中，对 20 多个国家的工业化程度进行了实证分析，并将上述思想落实为"霍夫曼系数"，作为衡量"霍夫曼工业化定理"的标准（逄金玉、蒋三庚，2014）。所谓霍夫曼系数是指消费品工业净产值与资本品工业净产值之比，用公式表示：

霍夫曼系数 = 消费品工业净产值/资本品工业净产值

其中，食品业、纺织业、皮革业、家具业被划分在消费品部门，而金属材料业、运输设备业、一般机械业、化工制品业被划分为资本品部门。霍夫曼根据实际数据分析得出了霍夫曼定理：随着工业化进程的不断推进，消费品工业净产值在整个工业净产值中的份额是逐步下降的，而资本品工业净产值则出现相反趋势，表现为霍夫曼系数不断降低。

参照霍夫曼系数的变化趋势，霍夫曼本人将工业化进程划分为以下四个阶段。

第一阶段：消费品工业的生产在制造业中占统治地位，资本品工业不发达，这时的霍夫曼系数约为5；第二阶段：资本品工业取得较大发展，但仍低于消费品工业的产值，霍夫曼系数约为2.5；第三阶段：资本品工业迅速发展，并与消费品工业的生产程度相当，霍夫曼系数约为1；第四阶段：资本品工业的生产继续扩张，甚至超过了消费品工业的规模，霍夫曼系数降为1以下。

此外，霍夫曼还详尽地测算了20世纪20年代若干国家的霍夫曼系数并进行了分类（见表2.2）。结果显示，当时的巴西、智利、印度、新西兰处于第一阶段；日本、荷兰、丹麦、加拿大、匈牙利等处于第二阶段；英国、瑞士、美国、法国、德国、比利时等处于第三阶段；处于第四阶段的国家当时还没有出现。

霍夫曼定理表明，各国的工业化通常具有相同的趋势，即随着工业化的逐步推进，一国的工业结构将遵循以轻工业为中心逐渐向以重工业为中心转变的发展轨迹。

表 2.2　霍夫曼工业化阶段指标

阶段	霍夫曼系数	20 世纪 20 年代处于这些阶段的国家
第一阶段	5（±1）	巴西、智利、印度、新西兰
第二阶段	2.5（±0.5）	日本、荷兰、丹麦、加拿大、匈牙利等
第三阶段	1（±0.5）	英国、瑞士、美国、法国、德国、比利时等
第四阶段	1 以下	—

资料来源：景跃军：《战后美国产业结构变动及与欧盟比较研究》，吉林人民出版社，2006，第 37 页。

综上可见，传统的产业结构优化变动理论都是以配第 - 克拉克定理为基础发展起来的，都将三次产业的产值比重和就业比重及其变动看作产业结构优化过程，并把发达国家的产业结构变动现象当作产业结构优化的标准，来指导发展中国家的产业结构优化方向。按此标准，印度目前的三次产业结构比例应属于后工业社会的产业结构比例，是一种高级化状态，但为什么莫迪政府还要发展制造业呢？说明传统的产业结构优化理论具有片面性，产业结构是否优化不仅包括三次产业间的产值比重和就业比重关系，还涉及社会的需求因素、供给因素及技术因素等对产业结构的影响，因此还需分析现代经济框架下的产业结构优化理论。

<h2 align="center">第二节　现代产业结构优化变动理论</h2>

在经济现代化发展过程中，随着产品多样化、需求多样

化、技术多样化的出现,经济总量的增长及可持续性与产业结构的不断优化密切相关,经济增长通过影响总需求促进需求结构不断升级,进而使产业结构为适应需求结构而优化变动,而产业结构优化升级过程中的结构红利又促进经济增长。国内较早研究产业结构优化变动的学者将产业结构的优化变动定义为产业结构合理化和高级化的动态过程(周振华,1992)。此后,不断有学者对产业结构合理化和高级化进行解读和度量。

一 产业结构的合理化

产业结构的合理化是指产业之间及产业内部之间的比例合理、协调能力不断提高、产业结构与需求结构协调发展的动态变动过程。其实质是产业结构能够适应不断变化的市场需求,既可以充分利用系统内外各种资源,又可以提高资源的利用效率,具体来说有以下三个衡量标准。

1. 产业间及产业内比例是否协调发展

宏观经济是一个复杂的有机体,各个部门之间并不是孤立存在,而是有着相当密切的联系,这种内在联系和数量比例关系是多方面的,不仅存在于各个不同行业之间,也存在于行业内部的各个部门之间以及企业之间。一个合理的产业结构可以使各行业、各部门、各企业和整个生产更有计划性和组织性。就三次产业划分法而言,既不能以牺牲第一、第三产业为代价而着重发展第二产业,也不能在第二产业还未得到充分发展时就盲目发展第三产业,三次产业之间的比例关系应充分考虑本国或本地区的资源条件和经济发展基础，不能盲目追求产业结构的高级化而忽视产业结构的合理化。就工业内部结构而言，重工业、轻工业的比例关系是否协调，不仅影响工业的发展，而且影响整个国民经济的发展。

2. 产业结构能否适应市场需求结构的变化

随着经济的发展和国民收入的提高，需求结构不断地发生变化，特别是在遇到外部冲击的情况下，需求结构可能变化更快。而产业结构由于存在一定的刚性，往往不能及时地满足市场需求，就会导致产业结构和需求结构的不平衡，这种结构上的不平衡比总量上的不平衡所造成的影响更为严重，因此，能够适应市场需求结构的变化是产业结构合理化的标准之一。

3. 资源能否在产业之间合理配置

产业结构可以被看作资源和产品之间的转换器，在一定时点且技术不变的条件下，用于生产产品的资源是稀缺的，如果产业结构不合理，必然造成资源配置不当，从而导致资源和产品之间的转换不顺利，不能最大限度地满足需求，而合理化的产业结构代表这种转换器能够根据消费需求和资源禀赋适时进行调整，一方面使资源得到有效利用，另一方面使社会需求得到满足。

总而言之，产业结构是否合理，不仅要考察静态的产业间及产业内的比例关系，还要考察动态的产业之间的协调能力及其与需求结构相适应的能力。

二　产业结构的高级化

产业结构的高级化是产业结构的升级过程，即从低级的产业结构状态向高级的产业结构状态转化的过程，从而使产业结构的整体素质和效率向更高层次不断演进的动态过程。产业结构的高级化表现为产业结构中主导产业的成长和更替，实现高新技术产业带动相关产业及宏观经济的发展。产业结构的高级化有以下三个衡量标准。

1. 产值结构的高加工度化和技术集约化

产值结构的高加工度化主要表现为初级产品、中间产品和最终产品的比例关系逐渐偏向后者的趋势，还表现为劳动密集型产品向资本密集型产品进一步向技术或知识密集型产品转换的过程，意味着产值结构向高加工度化和技术集约化转变的过程。

2. 就业结构高级化

在经济发展过程中，劳动力就业结构的高级化首先表现在非农化，即劳动力由第一产业向第二产业转移，进一步向第三产业转移，这种转移过程还伴随着技术工人相对普通工人的占比不断提高的现象。此外，劳动力向新兴高科技产业转移的力度也影响就业结构高级化，进一步对产值结构高级化提出更高要求。

3. 相对劳动生产率高级化

劳动生产率衡量的是劳动力的使用效率（孙智君，2010），产业结构变动过程中的劳动生产率是否提高，决定了所谓的"结构效益"是否得到提升。若要素和资源从劳动生产率高的部门转向劳动生产率低的部门，就会出现"鲍莫尔成本病"，这种产业结构变动的实质是产业结构的倒退或者说"虚高度"。因此，还需要结合各产业的劳动生产率指标变化，考察产业结构高级化程度。

总之，产业结构合理化构成了产业结构高级化的基础，产业结构高级化构成了产业结构合理化的目标，脱离产业结构合理化的产业结构高级化是虚高的产业结构，而不能实现产业结构高级化的产业结构是存在变动时滞的产业结构，产业结构的合理化和高级化共同决定了产业结构的优化，这样的产业结构才能适应经济发展的需要，才能支撑经济的可持续发展。

第三章　中印产业结构变动过程比较

　　中国和印度在经济发展阶段和结构特征方面虽呈现不同的特点，但两国经济的国际影响力均日益提升，印度的"世界办公室"增长模式正成为西方国家越来越看好的经济增长模式，而中国也曾因"世界工厂"受到世界关注。1949年随着新中国的成立，为了发展经济，追赶世界其他国家，中国开始大规模进行工业化，实施了五年计划，而且仿效苏联，采取了重工业优先发展的道路，经过五个五年计划，中国经济取得了一定的成绩，产业结构也发生了较大变化。但在工业化过程中由于急于求成思想的错误指导，再加上三年困难时期，经济发展一度陷入困境，工业化进程被中断，经过调整才得到恢复。1978年中国实施了改革开放，从此，中国的宏观经济总量和结构开始发生翻天覆地的变化，2010年经济总量超过日本，排名世界第二，2015年中国针对当时的经济问题进行供给侧结构性改革，经济增长进入新常态。1947年印度独立后，为了改变被殖民统治之后具有殖民地性质的农业经济和薄弱的工业经济，实行了混合经济发展模式，加强国家控制和发展经济的能力，通过五年经济发展计划，实施优先发展公营重工业战略。五个五年经济发展计划之后，印度经济虽然取得了一些成绩，但效果不明显，一直徘徊于"印度式增长率"，在五年经济发展计划执行过程中，政策执行不力、印巴战争等事件导致印度的工业化进程中断。1991年印度实施经济自由化和全球化改革之后，印度经济开始进入增长快车道，而且形成了有印度特色的产业结构发展模式，经济呈现较大活力和较好的发展前景。总而言之，中印两国在1980年以前的工业化道路都不是顺利的，都有过中断之后又逐渐恢复的过程，两国最后都是通过改革的方式及政府干预来促进产业结构变动，从而实现了经济高速增长。中印两国在这一过程中存在哪些相似之处和差异，印度优先发展服务业的做法有没有值得中国借鉴的地方？这需要我们深入分析和研究。

第一节　中印产业结构的初始状况比较

中印两国产业结构变动的起点相似，都曾遭到西方列强的入侵、控制和掠夺，中国是在1840年沦为半殖民地半封建社会，因遭到长期战乱的毁灭性破坏，新中国成立前的经济几近崩溃，农业停滞、工业畸形。印度是在1757年沦为殖民地国家，约早于中国100年的时间，独立前被英属东印度公司进行过疯狂的殖民掠夺，而从另一个角度看，印度是英国战略物资的重要供应地，这带动了印度工业、金融、贸易的初步发展，使其在独立之初的工业基础优于中国。

表 3.1 是按照具体的生产部门产量对中印产业结构进行的直观比较，由表 3.1 可知，20 世纪 40 年代，除了在煤产量上中国高于印度外，其他部门的产品产量，中国都低于印度，其中钢产量、水泥产量、糖产量相差悬殊。

表 3.1　20 世纪 40 年代中印两国工业、农业产品产量比较

项目	单位	中国（1949 年）	印度（1946 年）
钢产量	万吨	15.80	131.40
煤产量	万吨	3200.00	2950.00
发电量	亿吨	43.00	49.35
水泥产量	万吨	66.00	156.70
硫酸	万吨	4.00	6.10
棉布产量	亿米	18.90	35.74
糖产量	万吨	20.00	90.50
棉纱产量	万吨	32.70	52.00
铁路营业里程	万公里	2.18	5.36

资料来源：孙培钧：《中印经济发展比较研究》，经济管理出版社，1990，第 78 页。

表 3.2 是根据配第－克拉克定理和库兹涅茨法则中的三次产业划分进行中印比较的。由表 3.2 可知，在人均 GDP 方面，印度是中国的 2 倍多；中国的农业产值占比高于印度，且农业劳动力占比高达 83.5%，表明中国的二元经济特征更显著。两国的农业比重都很大，但人均 GDP 很低，处于农业内卷化

（agricultural involution）状态。根据钱纳里和赛尔昆的跨国模型回归结果（见第二章中表2.1），中印两国此时都处于工业化的初级阶段。

表3.2　1950年中印两国三次产业产值占比和劳动力占比

单位：美元，%

项目	中国	印度
人均GDP	70	150
农业产值占比	56.2	48.1
农业劳动力占比	83.5	72.1
工业和服务业产值占比	43.9	51.9
工业劳动力占比	7.4（1952年）	10.2（1948年）
服务业劳动力占比	9.1	17.2

资料来源：李钧泽、崔俊峰：《当代社会主义问题研究资料》，解放军出版社，1990，第308页。

第二节　20世纪40年代末至80年代初中印产业结构变动比较

美国经济学家钱纳里等（1989）曾经指出："发展过程既是总产出的增长，也是经济结构的变化。"经济增长可以被看作增长所必需的经济结构的一系列相互关联的变化，产业结构的变动是其中的重要表现，其中就业结构和产值结构是产业结构的重要组成部分。之所以选择20世纪80年代为分界点，一方面是因为，该时期中国刚刚实施改革开放，处于转向中国特色社会主义市场经济体制的分界点；而印度在 1980 年也进行了局部改革，如放宽对私营企业的限制、改善对国有企业的管理、放宽对外资的限制等。两国在此前都实行了一段时间的计划经济体制，并且都是效仿苏联实行"重工业优先发展、扶植公营企业"战略。

一　中国的重工业优先发展战略及产业结构变动

概括来说，大多数国家（尤其是发达国家）工业内部结构的变化是先以轻工业为主逐渐转向以重工业为主，符合霍夫曼定理。但是霍夫曼定理是否适用于一切国家有待考察。对于"后发外生型"国家来说，在现代化过程中，一方面，就其自身而言，存在"先天不足"的劣势，这是该国工业化的制约因素；另一方面，一些发达国家较早地进入现代化，这对"后发外生型"国家而言既是机遇也是挑战。因此，"后发外生型"国家的工业化道路选择可能不同于发达国家，表现在这些国家的现代化不仅要立足于本国的具体国情，还要利用国内外的一切先进科学技术，实现传统农业社会向现代工业社会的过渡（孙立平，1991）。

中国曾经遭受西方列强的军事侵略、政治控制、文化奴役和经济掠夺，同时长期被封建势力所统治，民族工业基础和文化基础都十分薄弱。因此，新中国成立之初，国家仍然贫穷落后、民生凋敝，同时，工业基础薄弱、工业体系不完整，工业化的一般内外条件都不具备。在这样的基础上，中国并没有走农业、轻工业再到重工业的发展之路，有其特定的主、客观原因。主观上，当时国家急于推进工业化进程，有关部门的同志也引经据典地进行过探讨，最终通过对国内政治、经济环境及国际环境诸多方面进行反复权衡之后，大家一致认为我国的工业化道路必须从发展原材料、能源、机械制造等重工业入手（薄一波，1991）；客观上，中国没有建设社会主义的经验，而唯一能够效仿的只有当时的社会主义国家——苏联，并得到苏联的贷款、技术和设备支持。这两个原因对中国的工业化道路有着极大的影响（张凤琦，2011）。

1953 年的《为动员一切力量把我国建设成为一个伟大的社会主义国家而斗争——关于党在过渡时期总路线的学习和宣传提纲》中明确指出，"实现国家的社会主义工业化的中心环节是发展国家的重工业，以建立国家工业化和国防现代化的基础"，"只有建立了重工业，才能使全部工业、运输业以及农业获得发展和改造所必需的装备"。因此，中国决定走以优先发展重工业为特征的社会主义工业化道路，并将其写入了"五年计划"（武力，1999）。

第一个五年计划是在 1953～1957 年，这一时期的工业化战略可以概括为：以高速发展为目标，以优先发展重工业为手段，增长方式以外延式为主。具体实施过程是集中主要力量建设苏联帮助我国设计的 156 个项目，建立我国社会主义工业化的初步基础，实现主要工业品，如生铁、钢、煤、石油、电力、氮肥、棉纱、棉布等的目标产量（简新华、余江，2009）。

　　第二个五年计划是 1958～1962 年。在"一五"计划目标超额完成的背景下，"二五"计划制定了不切实际的经济建设高指标，中国走进了"大跃进"误区。这一时期的工业化战略可以概括为"以钢为纲"的重工业发展战略，最大特色就是号召全国"大炼钢铁""大办工业"。虽然在这种工业化战略思想的指导下，我国的经济总量、工业发展都取得了前所未有的成绩，但也造成了工、农产业比例失调，工业内部轻、重工业比例失调及自然资源和生态环境的破坏性使用，最后中国陷入了三年经济困难时期。1961～1965 年，既包含"二五"计划的一部分，又是"二五"计划到"三五"计划之间的一个过渡阶段，也被称为经济调整时期，我国用了整整 5 年的时间对"大跃进"的严重后果进行整顿。整顿时期的工业化战略有所调整，要求适当控制重工业的发展速度，同时注意加快轻工业的发展速度；为了解决大饥荒问题，在农业方面则通过"知识青年上山下乡"以充实农业劳动力，减轻农业发展负担。这一时期产业结构失调局面得到了扭转，工、农业比例从 1960 年的 4∶1 下降到 1965 年的 2∶1，工业内部轻工业产值增长 60%，重工业增长 11%，工业内部结构趋于合理（简新华、余江，2009）。

　　第三个五年计划是 1966～1970 年。由于国际环境变化、中苏关系恶化及社会主义阵营分裂，这个时期的战略将国防建设放在首位，加之当时"文化大革命"对经济的破坏性影响，国民经济濒临崩溃，一直持续到第四个五年计划（1971～1975年）。由于"四五"计划初期再次盲目追求高指标和高速度，经济发展严重失控，1973 年修改了部分高指标，1975 年邓小平主持整顿后，"四五"计划目标才基本完成。第五个五年计划（1976～1980年）被安排在了中共中央制定的《1976～1985年发展国民经济十年规划纲要》中。此时的工业化战略是建立独立的比较完整的工业体系和国民经济体系。总而言之，优先发展重工业的工业化战略没有改变，在这一战略下，我国建立了门类齐全的工业体系，走上了不同于发达国家的工业化道路。

由图3.1可以看出，自新中国成立至1978年，工业内部的轻、重工业比例发生了较大变化。新中国成立初期，我国工业落后，表现在轻工业比重远远高于重工业比重；第一个五年计划末期，在优先发展重工业战略的指导下，我国轻工业和重工业的比重差距大大缩小；1958年后，重工业比例超过了轻工业比例；1960年，重工业比重达到67%的高位（周叔莲、裴叔严，1985）。此后进入五年调整期，重工业和轻工业比重逐渐趋同，且在大部分年份，重工业比重高于轻工业比重。

这一时期各产业的产值结构和就业结构如表3.3所示。其中第一产业的产值比重的总趋势是下降的，而第二产业的产值比重的总趋势是上升的，且上升速度较快，这得益于优先发展重工业的工业化战略的实施。此外，第三产业的产值比重的总趋势也是下降的，速度较慢。与此同时，第一产业的就业比重也呈下降趋势，但降幅不大，说明这个时期的第一产业仍然是吸收劳动力的主要部门，第三产业的就业比重基本不变，第二产业的就业比重在1978年有相对较大幅度的增加，说明由农业转移出来的劳动力主要由第二产业吸纳。

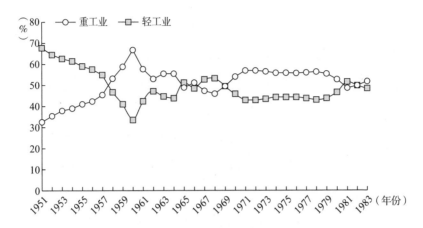

图 3.1　中国工业内部结构变化（1951～1983 年）

资料来源：简新华、余江：《中国工业化与新型工业化道路》，山东人民出版社，2009，第 245 页。

表 3.3　中国产业结构变动（1952～1978 年）

单位：%

	1952 年	1957 年	1965 年	1978 年
	产值结构			
第一产业	50.5	40.1	37.5	27.7
第二产业	20.8	29.6	35.1	47.7
第三产业	28.7	30.3	27.4	24.6
	就业结构			
第一产业	83.5	81.2	81.6	70.5
第二产业	7.4	9.0	8.4	17.3
第三产业	9.1	9.8	10.0	12.2

资料来源：国家统计局。

由表 3.3，可以得出以下结论。

第一，产业结构不合理。

在经济学理论中，对经济结构合理化的分析极其相似，魁奈的经济表、李昂惕夫的投入产出分析、马克思的社会再生产理论，都把产业的协调发展看作经济顺利运行的必要条件。产业结构不合理是所有国家经济发展初期都可能存在的情形，发达国家也不例外。结合前述钱纳里和赛尔昆的标准结构模型，可以对我国在"一五"计划到"五五"计划期间产业结构的合理化程度进行定性分析。首先，产值结构中第二产业比重过高，特别是重工业比重过高，而第三产业比重过低。这种产值分布虽然是特殊时期特殊政策的产物，是发展经济的需要，但这种产值结构不能充分满足消费者对最终产品和服务的需求，偏离了经济发展的最终目的，不具有可持续性。其次，产业之间的互补性不强，不能实现关联发展。依靠自然资源粗放投入的生产方式也不是环境友好型发展方式，同样不可持续。

从就业结构看，第一产业劳动力比重一直居高不下，从1952年的83.5%下降到1978年的70.5%，仅下降了13.0个百分点，说明这一时期的产业结构未能充分利用劳动力丰富的比较优势并有效规避资金缺乏的比较劣势，经济的二元性仍显著。这种产值结构和就业结构的变化无论从静态看还是动态看都不符合经济发展的一般规律。

第二，工业内部结构演变不同于西方发达国家的工业化路径。

以原子能、电子计算机、空间技术和生物工程的发明和应用为主要标志的人类第三次科技革命具有特有的弥散和扩张性，所以不同国家现代化历程的起步时间和启动方式各不相同，可分为"早发内生型国家"和"后发外生型国家"。其中早发内生型国家在工业化进程中，没有样板可以借鉴，工业化发展动力来自社会内部，即社会自身的内在需求引起社会矛盾，从而推动社会的发展。西方学者布莱克（1988）指出："在率先建设现代化的国家，由于现代化的挑战主要来自内部，因而转变过程徐徐展开，延续了几个世纪。"英、美、法属于此类国家，其工业化走的是由轻工业向重工业逐步推进的道路。与此相反，后发外生型国家的工业化诱因，是外部世界的生存挑战及早发内生型国家的现代化示范效应，因此，其可以实行跨越战略。布莱克（1988）指出："在后来建设现代化的社会中，这种挑战来自外部，因而转变更迅速、更突然。"

中国属于典型的后发外生型国家，其采取的就是一种跨越式的工业化发展战略。如图 3.1 所示，中国工业内部轻工业和重工业比重的变化与西方发达国家不同。通过实施符合当时国情的长期化、政治化的重工业优先发展战略，一方面，重工业比重持续上升；另一方面，又造成了对农业、轻工业的忽视，导致国民经济比例严重失调，表现为消费品和农产品短缺，形成了大部分生活必需品必须凭票购买的局面。

二　印度的重工业优先发展战略及产业结构变动

印度独立后，将发展目标设定为建设现代化工业强国和有声有色的世界大国，并坚持走社会主义类型的发展道路。由于长期的殖民主义统治，印度独立初期经济十分落后，英国给印度殖民地留下的工业大多数是轻工业，重工业比重不足 1/3。

由于经济落后，在遭遇到天灾人祸时，常有数百万人死于饥饿。独立初期，印度人的平均寿命只有 32 岁，成人识字率低于 17%，是世界上最落后的国家。因此，印度独立之后的首要任务是摆脱贫困、发展经济，并通过五年计划实现经济发展目标（樊丽明、李庆华，1995）。

第一个五年计划（1951 年 4 月至 1956 年 3 月）。在遭受英国长达 190 年的殖民统治后，刚刚独立的印度面临着这样的状态：工农业生产处于停滞和衰退的状态，粮食短缺、原料恐慌、国内市场萎缩和国际收支不平衡，加之印巴分治，大批难民的善后安置问题尚待解决。在英国专家的帮助下，印度第一个五年计划开始实施，重点在于发展农业。

从表 3.4 可以看出，印度第一个五年计划，重点在于农业，包括乡村建设和灌溉，其次是运输与交通，而工业投资仅占 8.4%。这一时期的印度政府将主要精力放在了国民经济的整顿和恢复上。

表 3.4　印度第一个五年计划投资分配情况

项目	五年中的开支额（亿卢比）	占总开支额的比例（%）
农业和乡村建设	36.1	17.5
灌溉	16.8	8.1
综合利用灌溉与电力建设工程	26.6	12.9
电力	12.7	6.1
运输与交通	49.7	24.0
工业	17.3	8.4

项目	五年中的开支额 （亿卢比）	占总开支额的 比例（%）
社会服务	34.0	16.4
善后救济	8.5	4.1
其他	5.2	2.5
合计	206.9	100.0

资料来源：刘芬：《印度》，世界知识出版社，1956，第53页。

第一个五年计划末期，印度经济状况有所改善，农业产量增加了18%，工业各部门的增长情况参差不齐，水泥、柴油机和自行车企业的生产能力有所提升，棉布、水泥的产量增加，有些部门的产量增加不多，如钢铁、冶铝部门，有些部门的产量反而减少，如黄麻和柴油机部门。概括来看，印度第一个五年计划的确改变了独立初期经济的窘困局面，但经济的基础仍不稳定。政府预计要在第一个五年计划期间建立起来的钢铁厂、电器机械厂等重要企业，最终没有建立。曾任印度计划部部长的南达说："在建立重工业方面，我们是缓慢的。"（刘芬，1956）

第二个五年计划（1956年4月至1961年3月）。第一个五年计划虽然取得了一定的成绩，但并没有使印度的经济结构发生很大变化。因此，在接下来的"二五"计划和"三五"计划中，为了实现重工业占主导的工业化发展模式，印度也开始仿效苏联，在自力更生和公营部门占主导地位的前提下优先发展重工业，尼赫鲁曾说："我们需要进行迅速的工业发展，但是如果我们每一个机器和零件都从其他国家购买，我们的进展将受到阻碍，没有重工业，任何一个国家都不可能有力量来保护他的自由和独立。"（刘芬，1956）印度此时的经济发展战略被称为"尼赫鲁－马哈拉诺比斯"模式。在第二个五年计划末期，印度的国民收入增加了 20.4%，工业生产增长了约41%，农业生产增长了近 20%，在工业方面最显著的成就是建立了三家年产 100 万吨钢钉的公营钢厂，建立了两家公营中小企业（游光中、冯宗容，1995）。对比印度的两个五年计划，第一个五年计划重视农业而忽视了工业，导致印度的工业基础仍然薄弱，而第二个五年计划主抓工业又忽视了农业，结果出现严重粮荒，并且工业内部过分强调钢铁等大工业而忽视中小工业。

第三个五年计划（1961 年 6 月至 1966 年 3 月）。印度第三个五年计划以第二个五年计划的成绩为基础，以增加农业生产、促进基础工业增长、保障就业、缩小贫富差距为目标，并且继续实施优先发展重工业战略。"三五"计划的结果：工业生产年均增长率为 8.2%，低于 11% 的目标；农业生产计划年均增长率为 5.2%，实际上每年平均下降了 2.98%。由于该计划过分强调发展重工业而忽视农业和轻工业，再加上两年干旱引发战争和中印边界冲突，第三个五年计划末期出现了严重的粮食危机、通货膨胀、外汇枯竭、财政恶化等问题。

第四个五年计划（1969 年 4 月至 1974 年 3 月）。"三五"计划结束时，印度国民经济处于极度困难的境地，因此印度政府暂停执行下一个五年计划，调整发展战略，在农业中推行绿色革命，经过三年调整，1969 年经济好转后才开始新的五年计划。第四个五年计划吸收了之前三个五年计划的经验，兼顾经济的均衡发展，制定了新的农业战略（绿色革命）、新的工业战略和新的外贸战略。该计划实施前两年带动了工业和经济回升，但1971年第三次印巴战争的爆发使印度经济再次陷入困境。

第五个五年计划（1974年4月至1979年3月）继续第四个五年计划的战略，即经济发展重点从重工业转向农业。工业发展方针，从全面开发转为突出重点。

由于执行不力和其他一些原因，第四个五年计划和第五个五年计划期间的工业年均增长率分别为3.9%和5.3%，未实现8.8%和8.1%的计划增长目标（孙培钧，2007）。

印度经过五个五年计划之后，工业内部结构发生了巨大变化，以重工业为主的产业结构取代了轻工业占绝对优势的状态。由表3.5可以看出，1948~1981年，印度工业内部结构发生了较大变化。独立初期，印度工业内部结构不合理，表现在轻工业比重远远高于重工业比重；经过五个五年计划，在优先发展重工业战略的指导下，印度轻工业和重工业的差距大大缩小，其中轻工业的产值比重由1948年的73.9%下降到1953年的65.9%，1981年进一步下降至35.4%；同期，重工业的产值比重则由26.1%上升到34.1%，进一步上升到64.6%。工业内部的就业结构也发生了变化，轻工业的就业比重由1948年的75.0%降至1953年的65.0%和1981年的51.9%，而重工业的就业比重由1948年的24.9%上升到1953年的35.0%和1981年的48.1%。到了第五个五年计划末期，轻、重工业的产值比重关系倒转，而就业比重有趋同趋势。

表 3.5 印度工业内部结构变化（1948～1981 年）

单位：%

	1948 年	1953 年	1981 年
	产值结构		
轻工业	73.9	65.9	35.4
重工业	26.1	34.1	64.6
	就业结构		
轻工业	75.0	65.0	51.9
重工业	24.9	35.0	48.1

资料来源：罗肇鸿：《国外技术进步与产业结构的变化》，中国计划出版社，1988，第 295 页。

印度 1951～1981 年的部门产值结构和就业结构如表 3.6 所

表 3.6 印度产业结构变动（1951～1981 年）

单位：%

	产值结构			
	1952 年	1957 年	1965 年	1978 年
第一产业	60.0	58.0	47.0	39.0
第二产业	14.0	16.0	22.0	24.0
第三产业	26.0	26.0	31.0	37.0
	就业结构			
	1951 年	1961 年	1971 年	1981 年
第一产业	72.1	71.8	72.1	70.6
第二产业	10.7	12.2	11.2	12.9
第三产业	17.2	16.0	16.7	16.5

资料来源：产值结构的数据来自孙培钧《中印经济发展比较研究》，经济管理出版社，2007，第 47 页；就业结构的数据来自罗肇鸿《国外技术进步与产业结构的变化》，中国计划出版社，1988，第 291 页。

示。其中第一产业产值比重的变动趋势是下降的，而且下降速度越来越快，而第二产业产值比重的变动趋势是上升的，这得益于工业化战略的实施，第三产业产值比重的总趋势是上升的，变化速度先慢后加快。与此同时，第一产业的就业比重也呈下降趋势，但降幅很小，说明第一产业一直是这个时期吸纳劳动力的主要部门，第二产业的就业比重小幅上升，第三产业的就业比重基本不变，从第一产业转移出来的劳动力主要由重工业吸纳。

由表3.5和表3.6所示印度产业结构的变动情况，可以得出以下结论。

第一，产业结构不合理。

结合钱纳里和赛尔昆的标准结构模型，可以对印度前五个五年计划期间产业结构的合理化程度进行定性分析。首先，相对于中国，印度产值结构的变动过程更接近西方发达国家，即呈现第一产业的产值比重下降、第二产业的产值比重和第三产业的产值比重上升的趋势。虽然这一段时期印度也实行了重工业优先发展的战略，但由于实施不力以及后期的调整，第二产业并没有显著增长。从就业结构看，第一产业的劳动力比重一直居高不下，从1951年的72.1%下降到1981年的70.6%，仅下降了1.5个百分点，说明与中国相同，印度也未能充分利用劳动力丰富的比较优势并有效规避资金缺乏的比较劣势，经济的二元性仍显著。就业结构的变化与配第－克拉克定理不一致。

第二，印度工业内部结构变动不同于西方发达国家的工业化路径。尼赫鲁推行重工业优先发展的内向型发展战略，长期忽视轻工业和私人资本的发展，导致印度工业部门内部的结构变化远远大于整个经济结构的变化，表现在重工业比重迅速提升，而轻工业部门由于资金短缺，发展极其缓慢，产值比重迅速下降。

三　20 世纪 40 年代末至 80 年代初中印产业结构变动比较小结

20 世纪 40 年代末至 80 年代初，中国无论是产值结构数据还是就业结构数据都显示出较大程度的结构性调整，而印度的产值结构虽然发生了较大变化，但变化幅度小于中国，而且印度的就业结构基本上没有变化。印度产值结构和就业结构变动的失衡状态对其经济增长具有一定的阻碍作用，因此，印度政府在农村和城市地区实施扩大就业机会的计划，同时注重提高劳动生产率，这一直是印度政府在多数计划年的政策关注点。而中国取得了比印度更为显著的经济增长，政府对在经济增长过程中产生的产出 – 就业不平衡现象也做出了反应。在这一时期，中国农村的就业比例较高，表明以劳动力替代了相对短缺的资本，甚至是土地。印度的情况也是如此。

第三节 中印改革后的工业政策调整
及产业结构变动比较

中国在改革开放之前，主要实行的是重工业优先发展的赶超战略，不仅向重工业进行投资倾斜，而且农业剩余主要被用来发展重工业。这一工业化战略的确为中国打下了比较坚实的工业基础，但这种重工业优先发展的工业化道路也存在诸多问题，在第五个五年计划末期，中国不仅没有成功实现工业化，而且重工业化的任务也没有完成，最后形成了"重工业太重、轻工业太轻、农业太落后、服务业太少"的畸形产业结构（简新华、余江，2009）。面对畸形的产业结构，中国在改革开放后对工业化战略进行了调整，采取各种措施以解决上述问题。

印度第二个五年计划的设计师马哈拉诺比斯以苏联经验为基础，强调对重工业投资以实现工业化。尼赫鲁把发展重工业和工业化看作同义语，印度要实现工业化，头等重要的就是必须有制造机器的重工业（鲁达尔·达特、桑达拉姆，1994）。从第二个五年计划开始，印度的发展战略都十分重视工业的发展，但忽视了农业的发展，导致 20 世纪 60 年代出现粮食危机，于是印度政府开始调整发展战略，强调农业的重要性。直到 20 世纪 80 年代印度实施局部改革并在 90 年代实施全面改革，印度的信息产业异军突起，经济发展模式和产业结构发生转变。

中国和印度改革的起始时间不同，改革内容不同，但两国改革的根本原因都是原有的经济增长模式导致体制僵化和生产效率低下。重工业优先发展战略导致产业结构不合理，使经济增长不可持续，到了非改不可的地步。

一 中国改革开放后的工业政策调整和产业结构变动

改革开放前的40年，在重工业优先发展战略的指导下，中国拥有了一定的工业实力，但由于闭关自守和粗放式生产，中国并未跟上世界工业发展的步伐。为了实现工业建设方面的一系列高指标，1978年中国重工业的投资比重为55%，而轻工业只有5.7%，基本建设投资规模的扩大，已经超出了国力所能承受的范围。1978年重工业增长了15.67%，轻工业只增长了10.8%，农、轻、重比例的严重失调造成市场上消费品供应紧张的局面，市场消费品与购买能力之间的差额，在1978年高达100多亿元。针对国民经济比例严重失调的问题，中国共产党开始对工业发展战略和政策实施调整（高军峰，2013）。这里我们根据配第－克拉克定理、库兹涅茨法则及霍夫曼定理，即按照产业结构及工业内部结构变动的特点，将改革开放后的产业结构变动划分为四个阶段：一是1978～1992年工业化加速发展阶段；二是1993～1999年制造业快速增长阶段；三是2000～2015年新旧产业结构叠加阶段；四是2016年至今供给侧结构性改革后产业结构日趋合理阶段。

1978～1992 年为工业化加速发展阶段,党对工业化战略进行了调整。1981 年,中国政府提出经济建设要走一条以提高经济效益为中心的路子。具体包括:①改变重工业优先发展的战略,更加注重农、轻、重的协调发展;②根据实际经济条件设定合理的速度目标,纠正过去一味追求高速度的做法;③扩大再生产的手段要从过去以外延方式为主转变为以内涵方式为主;④积极引进国外先进的工业技术设备;⑤加快对本国已有工业技术设备的更新;⑥在管理体制上增加地方和企业的经营自主权,减少中央对企业的控制(孙培钧,2007)。

在工业化战略得到调整且有力实施的背景下,我国农业快速发展,农产品产量较快增长,产值比重先上升后缓慢下降。劳动力非农化进程及农村剩余劳动力转移速度加快,第一产业的就业比重由 1978 年的 70.5% 下降到 1992 年的 58.5%(见表3.7),下降了 12 个百分点,而改革开放之前第一产业的就业比重从 1952 年的 83.5% 下降到 1978 年的 73.3%,26 年时间内才下降 10.2 个百分点。第二产业的产值比重趋于下降,其中工业内部结构日趋合理,轻工业和重工业的差距趋小(见表3.8),这得益于对以往第二产业比重过大及工业内部重工业比重过大的畸形结构所进行的战略调整,传统产业的比重有所下降,反映当时需求主流和技术主流的新兴产业如电子、电气、汽车等出现了大幅增长。以服务业为主的第三产业得到迅速发展,产值比重由 1978 年的 24.6% 上升到 1992 年的 35.6%,提高了 11 个百分点,同期就业比重提升了 7.6 个百分点,大于第二产业就业比重的提升幅度。

表 3.7　中国产业结构变动（1978～1992 年）

单位：%

年份	三次产业产值比重			三次产业就业比重		
	第一产业	第二产业	第三产业	第一产业	第二产业	第三产业
1978	27.7	47.7	24.6	70.5	17.3	12.2
1980	29.6	48.1	22.3	68.7	18.2	13.1
1982	32.8	44.6	22.6	62.4	20.8	16.8
1984	31.5	42.9	25.5	68.1	18.4	13.5
1986	26.6	43.5	29.8	64.0	20.0	16.0
1988	25.2	43.5	31.2	59.4	22.4	18.2
1990	26.6	41.0	32.4	60.1	21.4	18.5
1992	21.3	43.1	35.6	58.5	21.7	19.8

　　资料来源：产值比重数据来自国家统计局 1978～1992 年数据；就业比重数据根据国家统计局有关三次产业 1978～1992 年的就业数据计算而得。

表 3.8　中国轻重工业结构变化（1979～1991 年）

单位：%

年份	轻工业	重工业
1979	43.7	56.3
1980	47.1	52.9
1982	50.2	49.8
1984	47.4	52.6
1986	47.6	52.4
1988	49.3	50.7
1990	49.4	50.6
1991	48.4	51.6

　　资料来源：简新华、余江：《中国工业化与新型工业化道路》，山东人民出版社，2009，第 265～266 页。

1993～1999年为制造业快速增长阶段。1992年邓小平发表南方谈话，同年中国共产党第十四次全国代表大会召开，明确宣布中国经济改革的目标是建立社会主义市场经济体制，国有企业改革以建立现代企业制度为目标。中国工业化进入了制造业及制造业出口迅速增长阶段。

在这一时期，中国政府高度重视产业结构调整和优化，1992年提出树立大农业观，调整农业内部结构，保持粮食、棉花稳定增产；加快发展交通运输、通信、能源、重要原材料和水利等基础工业和基础设施；第一次提出振兴机械电子、石油化工、机械制造和建筑业，使之成为国民经济的支柱产业，并且特别强调要加快发展第三产业（董辅礽，1999）。在一系列措施下，中国三次产业基本实现了协调发展，产业结构得到进一步优化。

表3.9表明，1993～1999年，第一产业的产值比重进一步下降，第二产业的产值比重小幅下降，第三产业的产值比重逐步上升。此外，第一产业的就业比重整体下降，说明农村劳动力转出速度较快，第二产业和第三产业的就业比重整体稳定提升，有效地吸纳了农村剩余劳动力。

表3.9 中国产业结构变动（1993～1999年）

单位：%

年份	三次产业产值比重			三次产业就业比重		
	第一产业	第二产业	第三产业	第一产业	第二产业	第三产业
1993	19.3	46.2	34.5	56.4	22.4	21.2
1994	19.5	46.2	34.4	54.3	22.7	23.0

续表

年份	三次产业产值比重			三次产业就业比重		
	第一产业	第二产业	第三产业	第一产业	第二产业	第三产业
1995	19.6	46.8	33.7	52.2	23.0	24.8
1996	19.3	47.1	33.6	50.5	23.5	26.0
1997	17.9	47.1	35.0	49.9	23.7	26.4
1998	17.2	45.8	37.0	49.8	23.5	26.7
1999	16.1	45.4	38.6	50.1	23.0	26.9

资料来源：产值比重数据来自国家统计局 1993～1999 年数据；就业比重数据根据国家统计局有关三次产业 1993～1999 年的就业数据计算而得。

2000～2015 年为新旧产业结构叠加阶段，即传统产业与信息化产业即通信设备制造业、软件业、信息服务业广泛结合的阶段。2000 年，党的十五届五中全会召开，这是我国产业结构变动的又一转折点，十五届五中全会指出：继续完成工业化是我国现代化进程中艰巨的历史性任务；大力推进国民经济和社会信息化，是覆盖现代化建设全局的战略举措。以信息化带动工业化，发挥后发优势，实现社会生产力的跨越式发展（中共中央文献研究室，2011）。十六大提出了"新型工业化"的概念，十七大进一步强调了新型工业化道路，提出"一个方针、三个转变"，"三个转变"中的一个转变是，要由主要依靠第二产业带动经济增长转向依靠第一、第二、第三产业协同带动经济增长。

由表 3.10 可以看到，2000～2015 年，第一产业的产值比重和就业比重都稳步下降，而且就业比重与之前的 6 年相比降幅更大，说明农业劳动效率正逐步提高。2015 年以前，第二产业一直是主导产业，但第二产业没有吸纳更多的劳动力，表现在第二产业的就业比重一直较低。2012 年，第三产业的产值比重提升迅速，并超过第二产业的产值比重，同时就业比重也快速提升。

表 3.10 中国产业结构变动 (2000～2015 年)

单位：%

年份	三次产业产值比重			三次产业就业比重		
	第一产业	第二产业	第三产业	第一产业	第二产业	第三产业
2000	14.7	45.5	39.8	50.0	22.5	27.5
2002	13.3	44.5	42.2	50.0	21.4	28.6
2004	12.9	45.9	41.2	46.9	22.5	30.6
2006	10.6	47.6	41.8	42.6	25.0	32.2
2008	10.2	47.0	42.9	39.6	27.2	33.2
2010	9.3	46.5	44.2	36.7	28.7	34.6
2012	9.1	45.4	45.5	33.6	30.3	36.1
2014	8.6	43.1	48.3	29.5	29.9	40.6
2015	8.4	40.8	50.8	28.3	29.3	42.4

资料来源：产值比重数据来自国家统计局 2000～2015 年数据；就业比重数据根据国家统计局有关三次产业 2000～2015 年的就业数据计算而得。

2016～2019 年是我国国民经济和社会发展第十三个五年规划的前四年，也是供给侧结构性改革把经济结构调整放在突出位置的阶段，供给侧结构性改革的核心要义是实现资源的有效供给、质量提升和高效配置（肖林，2016）。

生产活动中资源的配置形成了不同的产业类别和产业部门，资源配置效率的高低决定了各产业部门的产值比重和就业比重即产业结构，而产业结构在一定意义上能够反映一国经济增长的内部动力结构。高级化、合理化的产业结构是经济高质量发展的重要来源。

由表3.11可以看出，2016～2019年，伴随着中国经济的迅速增长，产业结构高级化程度日益提升，表现在第一产业的产值比重处于下降趋势，而且在第二产业长期处于主导产业地位的过程中，第三产业产值比重稳步提升，顺利完成了主导产业的更替。但产业结构合理化程度仍有上升空间，表现在第一产业产值比重和就业比重极不对称，在产值比重大大低于第二产业的情况下，就业比重与第二产业基本相当，说明第一产业劳动效率仍有上升空间。

表 3.11　中国产业结构变动（2016～2019 年）

单位：%

年份	三次产业产值比重			三次产业就业比重		
	第一产业	第二产业	第三产业	第一产业	第二产业	第三产业
2016	8.1	39.6	52.4	27.7	28.8	43.5
2017	7.5	39.9	52.7	27.0	28.1	44.9
2018	7.0	39.7	53.3	26.1	27.6	46.3
2019	7.1	39.0	53.9	25.1	27.5	47.4

资料来源：产值比重数据来自国家统计局2016～2019年数据；就业比重数据根据国家统计局有关三次产业2016～2019年的就业数据计算而得。

二　印度改革后的工业政策调整和产业结构变动

印度独立后，制定了促进经济增长的五年经济发展计划，对各个产业部门委以重任，不仅要生产原本进口的所有商品，实现印度的自给自足（进口替代品），而且还要将农业剩余劳动力吸纳到高生产率的工作岗位上，从而使印度走上更高水平的发展道路。因此，可以根据部门内生产率提高促增长和部门间要素流向高生产率部门促增长两个方面，将印度在1980年之后的工业政策和产业结构变动划分为两个阶段，分别是1980~1990年的放松管制但有限自由化阶段和1991年市场化、自由化改革后的阶段。

第一，1980~1990年的放松管制但有限自由化阶段。1980年，印度开始进入局部渐进的"偷偷改革"时期（贾格迪什·巴格瓦蒂、阿尔温德·帕纳格里亚，2015），即政府进行零星改革的时期。其核心主要是减少国家的干预，扩大市场的作用。与尼赫鲁－马哈拉诺比斯混合经济模式下主张独立自主、自力更生不同，这一时期，印度政府开始允许从国外引入资金和先进技术以保证本国经济增长，其他措施诸如对一大批工业取消许可证限制、向大财团和大企业开放一批可进入的领域，如电信、发电、国防等高投资、高技术领域。自此，市场机制和价格机制在印度开始发挥作用，竞争提升了经济效益。1980~1990财年，印度获得了5.8%的平均增长率（王砚峰，2008），这对于20世纪80年代的印度有着非同寻常的意义，代表印度摆脱了"印度式增长率"。经济增长对印度制造业的发展和全要素生产率增长起到了推动作用，与此同时，在信息革命和全球化背景下，一些著名的IT企业诞生于这个时代，构成了印度产业结构趋向高级化的有利因素。

从表 3.12 可以看出印度产业结构变动过程中最突出的表现在于第三产业的产值比重一直高于第二产业的产值比重，占主导产业地位，越来越接近发达国家的第三产业产值比重，这是印度近年来经济增长中有别于中国的最显著特点。从就业结构看，与中国同期相比，印度第一产业、第二产业、第三产业的就业结构变化速度都低于中国，即在就业方面，劳动力并没有在第一产业、第二产业、第三产业之间大幅度转移，第一产业的产值比重虽然有所下降，但仍然吸纳了大部分劳动力，而这些滞留在第一产业中的多余劳动力正是刘易斯所说的剩余劳动力，不利于第一产业劳动生产率的提高，并会加剧农村贫困。与此相对应，第三产业本应吸纳更多的劳动力，但我们并未看到，这是因为印度第三产业尤其是服务业需要的劳动力更多的是高技术人才，因此，对普通劳动力的吸纳作用十分有限。

表 3.12　印度产业结构变动（1980～1990 年）

单位：%

年份	产值比重			就业比重		
	第一产业	第二产业	第三产业	第一产业	第二产业	第三产业
1980	33.1	25.3	41.6	69.8	13.2	16.9
1982	30.6	26.2	43.2	69.0	13.6	17.4
1984	30.1	26.7	43.2	67.7	14.2	18.1
1986	26.6	26.7	46.7	66.1	15.1	18.8
1988	28.0	26.7	45.3	64.9	15.6	19.4
1990	26.9	27.5	45.6	64.7	15.2	20.0

资料来源：产值比重数据来自世界银行 1980～1990 年数据；就业比重数据根据 KLEMS 数据库 1980～1990 年有关印度的就业数据计算而得。

　　第二，1991 年市场化、自由化改革后的阶段。这一阶段被看作印度经济的"第二次革命"（中国社会科学院经济学部，2009），使印度经济从半封闭、半管制状态走向开放、自由的市场经济状态。除 15 种工业外，基本取消了此前严格执行的许可证制度；除 6 种关系国计民生的工业以外，其余工业全部向私人和外商开放；对公营企业推行"谅解备忘录"以提高其经济效益。2004 年，印度政府意识到制造业发展不充分将制约农业和服务业的进一步发展，开始制定一系列措施发展印度制造业。2014 年莫迪上台后，提出了"印度制造"计划。

　　总而言之，印度产业结构变动有其合理的方面，也有不合理的方面。将表 3.13 与钱纳里和赛尔昆跨国模型的回归结果进行比较可以看出，印度第一产业、第二产业的产值结构和就业结构都处于中级阶段，第三产业的产值结构处于高级阶段，而第三产业的就业结构则处于中级阶段。与中国的产业结构变动相比，印度的工业化水平落后于中国。

表 3.13　印度产业结构变动（1993～2019 年）

单位：%

年份	产值比重			就业比重		
	第一产业	第二产业	第三产业	第一产业	第二产业	第三产业
1993	28.7	25.5	45.8	62.3	15.6	22.1
1996	27.1	26.6	46.3	61.7	15.3	23.0
1999	24.5	25.2	50.3	60.2	16.1	23.7
2002	20.7	26.2	53.1	58.7	16.6	24.7
2007	18.9	34.7	46.4	53.9	20.4	25.7
2012	18.3	31.7	50.0	47.0	24.4	28.6

年份	产值比重			就业比重		
	第一产业	第二产业	第三产业	第一产业	第二产业	第三产业
2017	—	—	—	44.1	24.7	31.2
2019	—	—	—	42.4	25.6	32.0

资料来源：产值比重数据和就业比重数据来自世界银行 1993~2019 年相关数据。

三 中印改革开放后产业结构变动比较小结

中印两国在改革开放后，产业结构变动的差异凸显。最主要的原因在于政府作用的差异。中国的产业结构变动是在政府引导下进行的，尤其是 1993~1996 年，中国处于重工业主导时期，对基础设施建设如交通、能源和通信加大了投资力度，使中国工业产值占比迅速上升。而印度的产业结构变动是在民主政治稳定的背景下进行的，在 1991 年进行市场化、自由化改革之后，原来的重工业优先发展战略有所放松，表现在放松管制、改革公营企业、降低关税壁垒等。而且此时正值全球范围内兴起了 IT 产业，印度以其语言优势、人力资本优势，在拉吉夫·甘地政府的倡导下，快速发展软件业等现代服务业。

第四章　中印产业结构现状比较
及原因分析

中国自1978年以来，印度自1992年以来，都实现了前所未有的经济增长，两个经济体在过去的几十年里显著地减少了贫困，这使世界经济发展的重心开始向亚洲转移，世界各地经济体的经济前景也越来越依赖于这两个"亚洲巨人"的持续需求。事实上，中印两国在初始条件和宏观政策取向上有许多相似之处。这两个国家一开始的生活水平极其相似，在20世纪最具影响力的两位政治领袖毛泽东和甘地的各自带领下，两国都走上了计划经济发展的道路。两国几乎同时选择了重工业战略作为经济持续发展的最快路径。但由于两国的地域差异很大，经济和社会制度也各不相同，而且两国对各行业改革的反应和调整也不一致，因此两国的产业结构变动和经济增长存在差异。中国一方面致力于将经济增长模式转向由消费和服务拉动，以减少经济失衡；另一方面要实现产业升级和向价值链上游的移动，将新的资源引导到新的部门。印度最引人注目的目标是提高经济增长率。为了实现这一目标，需要发展基础设施，使增长更具包容性。此外，为了保持经济的可持续快速增长，印度莫迪政府致力于发展制造业，但到目前为止收效甚微。

根据发展经济学家的相关理论，与一个国家的经济增长相伴随的是其经济结构特别是产业结构的变动：在农业社会，无论是农业的产值比重还是就业比重，都处于较高水平，其中农业的产值比重在40%～60%，而就业比重在50%～65%（库兹涅茨，1985）；接下来从农业社会向工业化社会转型的过程中，农业的产值比重、就业比重都迅速下降，而工业的产值比重和就业比重则稳步上升；进一步地，经济进入起飞阶段，工业化程度继续提升，农业的产值比重、就业比重继续下降，工业的产值比重和就业比重继续上升，但速度减慢，与此同时，服务业的产值比重和就业比重处于上升期；最后，当经济体实现工业化转型后，服务业的产值比重和就业比重不仅会超过农业，而且还会超过工业成为国民经济中比重最高的产业，有学者将其称为后工业化时代。然而，不是所有国家的产业结构变动都遵循这种规律。美国学者保罗·斯特里顿在发展经济学诸多理论和流派中提出了一种两分法：线性范例和非线性范例。所谓线性范例，就是关于"发展是所有国家都沿着前进的线性道路，发达国家在不同时间越过了起飞阶段，而发展中国家现在正跟上去"的观点。非线性范例认为"富－穷关系的国际体系制造并保持了穷国的不发展"，因而贫穷的后发国家就不能像捷足先登的发达国家那样顺利地经过自己的发展阶梯，简言之，发展中国家的发展线被发达国家打断了，学者安德烈·冈德·弗兰克也持有此观点（王立新，2006）。印度的产业结构变动就属于非线性发展范例（赖镇发，2013）。本部分就中印的产业结构变动进行度量及比较。

第一节　中印产业结构规模比较

一　中印产业结构规模比较——三次产业划分角度

中国在改革前期以及改革之后的一段时期，走的是第二产业拉动经济增长的道路，表现为 1966～2012 年，第二产业的产值比重一直高于第一产业和第三产业的产值比重，而第一产业的产值比重和就业比重整体下降，第三产业的产值比重和就业比重整体都是先小幅下降后上升。所以改革之前的产业结构变动过程是重工业赶超战略的畸形产物，而改革开放以来的产业政策调整，有效地矫正了过去畸形的产业结构，并为实现现代经济增长提供了新动能。

由图 4.1 可知，中国三次产业的产值结构呈现从"一、三、二"到"二、一、三"到"二、三、一"再到目前的"三、二、一"的变化过程。1959～1961 年的三年困难时期，农业的产值比重大幅下降，而此时正值"大跃进"时期，工业产值冒进式增长。1966～1976 年"文化大革命"期间，工业生产受到影响而下降，此后逐渐恢复。

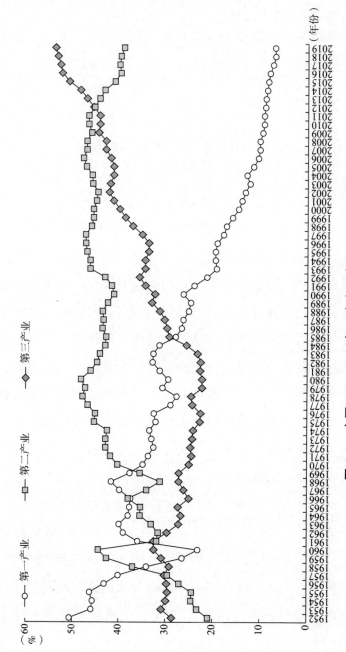

图4.1 中国1952～2019年三次产业产值比重变动趋势

资料来源：国家统计局1952~2019年三次产业的产值数据。

由图 4.2 可知，印度的产业结构与中国不同，从独立初期开始，印度的产业结构中第三产业的产值比重就一直呈上升趋势，且起点高于第二产业的产值比重。从 1999 年开始，第三产业的产值比重超过了 50%，但第一产业的产值比重仍偏高。此外，印度的第二产业产值比重一直不高，没有发挥出工业拉动增长和吸纳就业的功能。总体来看，印度的产业结构变动不符合一般大国产业结构的变动过程，即从"一、二、三"到"二、一、三"再到"三、二、一"，而是走上了具有印度特色的"一、三、二"到"三、一、二"再到"三、二、一"的道路。因此可以认为，印度服务业发展占主导地位是其一个传统特征。

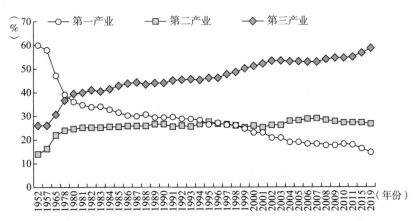

图 4.2 印度 1952 ～ 2019 年三次产业产值比重变动趋势

资料来源：2011 年之后的数据来自世界银行，2011 年之前的数据来自 KLEMS 数据库。

关于发达国家的产业结构变动，有两个著名的典型化事实，分别为"库兹涅茨事实"和"后工业化事实"（Clark，1940；Kuznets，1956，1957，1973；Chenery，1960；Bell，1973；Ko-

ngsamut，Rebelo，Xie，2001；Acemoglu，2009），将两个典型
化事实合起来描述，即随着经济的发展，经济中农业部门的产
值和就业比重逐渐下降，工业部门的产值和就业比重先上升后
下降，而服务业部门的产值和就业比重将逐渐上升。图4.3是
以当今发达国家和东亚国家的经验为基础对经济发展过程中就
业结构的定性描述。

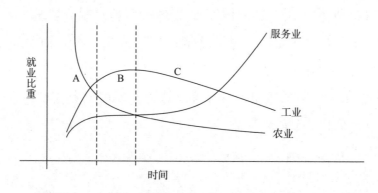

**图4.3 "库兹涅茨事实"和"后工业化事实"下的
就业结构演变**

在中国，我们观察到：第二产业的就业比重在2012年达
到顶峰，此后开始缓慢下降，而印度第二产业的就业比重在
2012年以后一直稳定在24.4%附近。

图4.4反映了中国1952年以来三次产业的就业结构变化
情况，可以看出，一直以来，中国第一产业的就业比重都高于
第二产业和第三产业，直到2011年，这种状态才有变化，第
一产业的就业比重开始下降，并且低于第二产业和第三产业的
就业比重。这种变化与农业劳动生产率提高和户籍制度改革不
无关系。将图4.4与图4.3进行对比，发现中国的就业结构与

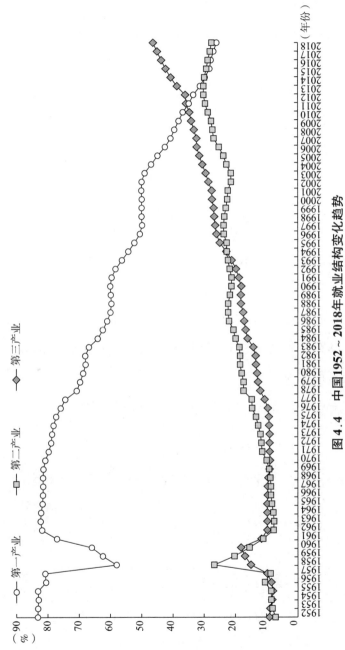

图4.4　中国1952～2018年就业结构变化趋势

资料来源：国家统计局1952~2018年三次产业就业数据。

发达国家的就业结构变化相似。

由图 4.5 可以看出，印度就业结构的变化比较缓慢，从 1951 年到 2019 年，三次产业的就业比重没有发生重大变化。特别是第二产业和第三产业的就业比重一直低位缓慢上升，第一产业仍然是印度最主要的就业部门。这一方面说明了印度第一产业中仍然存在大量过剩劳动力，这为第二产业和第三产业的发展提供了丰富的劳动力资源；另一方面也暴露出印度第一产业劳动生产率一直低下的状态，也说明目前印度的人口素质低下，将第一产业劳动力大量转移到第三产业是个棘手的难题。印度就业结构最大的特点在于第一产业的就业比重一直超过第二产业和第三产业的就业比重，尽管印度第三产业的产值比重一直较高，但本应吸纳更多劳动力的第三产业没有达到解决就业的预想效果，与发达国家的就业结构变化差距很大。

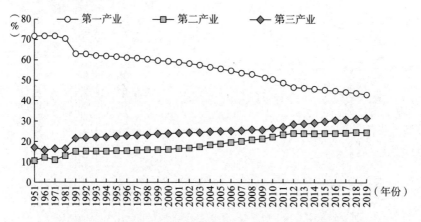

图 4.5　印度 1951～2019 年就业结构变化趋势

资料来源：KLEMS 数据库、世界银行。

二　中印产业结构规模比较——27 个部门划分角度

本部分使用的是 KLEMS 数据库提供的数据，从该数据提供的 27 个部门划分角度对中印产业结构的变动现状进行分析。首先，找出中国和印度在 27 个细分行业的相关数据，27 个行业被划分到不同的子部门中。由于农业曾经是中国和印度经济中吸纳就业的一个主要部门，我们把它作为一个独立的部门列在第一项。制造业分为消费品和中间品制造业、投资品制造业两大类，后者包括机械、生活必需品，光电设备，运输设备。采矿、采石，供电、供气和供水，建筑被归入一个单一部门，我们称为其他产品生产。服务业分为 5 个不同的部门：贸易和分销、金融服务、设备租赁和企业服务、其他市场服务、非市场服务。

其次，通过 KLEMS 数据库计算两国的产值比重和就业比重，并分别列在表 4.1、表 4.2、表 4.3、表 4.4 中。

从表 4.1 可以看到，在 1987～2010 年的观察期内，印度的产值结构经历了从农业到服务业的重大转变。农业的产值比重从 1987 年的 29.82% 下降到 2010 年的 18.21%，下降了11.61 个百分点。服务业的产值比重从 1987 年的 44.28% 上升到 2010 年的 54.64%，增幅高达 10.36 个百分点。除了"其他服务"的产值比重下降了 3.02 个百分点，其余项目都上升了。此外，印度制造业的产值比重在观察期内呈下降趋势，但下降幅度不大，1.16 个百分点的降幅对经济影响不大。而在制造业内部，产值比重没有下降或只有轻微下降的部门主要是焦炭、石油和核燃料，化学品和化学制品，橡塑制品，其他非金属矿产，基本金属和金属制品，运输设备。这些部门加起来占 2010 年制造业总产值的 53.45%，比 1987 年的 40% 提升了 13.45 个百分点。

从表 4.2 可以看到，在 1987～2010 年的观察期内，中国的产值结构经历了从农业到制造业和服务业的重大转变。农业的产值比重从 1987 年的 36.40% 下降到 2010 年的 12.32%，下降了 24.08 个百分点。制造业在观察期内呈上升趋势，从 1987 年的 21.59% 上升到 2010 年的 31%，涨幅约为 10 个百分点。而在制造业内部，纺织品、皮革和鞋类，制造业产品、生活必需品、回收利用呈下降趋势，其他基本上升，有些部门出现波动上升又下降。服务业的上升幅度是最大的，由 1987 年的 30.67% 上升到 2010 年的 44.06%。服务业内部只有贸易是下降的，其他都是上升的，上升幅度最大的是金融服务，由 5.13% 上涨到 10.32%。

表 4.1　1987～2010 年印度部门产值比重

单位：%

	1987 年	1992 年	1997 年	2002 年	2007 年	2010 年
1 农业	29.82	28.88	25.86	20.70	18.26	18.21
2 工业 =（1）+（2）	25.90	25.86	26.58	26.17	29.03	27.15
（1）制造业 = A + B	15.95	15.46	16.00	14.87	15.99	14.79

	1987 年	1992 年	1997 年	2002 年	2007 年	2010 年
A 消费品和中间品制造业（a + … + j）	12.80	12.56	13.26	12.30	12.92	11.75
a 食品、饮料和烟草	1.64	1.61	1.73	1.78	1.60	1.52
b 纺织品、皮革和鞋类	3.09	2.96	3.04	2.47	2.15	1.96
c 木材和木材制品	0.96	0.88	0.99	0.46	0.39	0.33
d 纸浆、纸、印刷品和出版物	0.52	0.54	0.46	0.46	0.46	0.41
e 焦炭、石油和核燃料	0.71	0.65	0.43	1.01	1.46	1.14
f 化学品和化学制品	1.21	1.48	1.60	1.82	1.71	1.67
g 橡塑制品	0.51	0.50	0.74	0.47	0.41	0.55
h 其他非金属矿产	0.91	0.89	0.95	0.94	1.00	0.90
i 基本金属和金属制品	2.09	2.19	2.33	2.13	2.81	2.49
j 制造业产品、生活必需品、回收利用	1.16	0.86	0.99	0.76	0.93	0.78
B 投资品制造业 = a + b + c	3.15	2.90	2.74	2.57	3.07	3.04
a 机械、生活必需品	1.06	1.02	0.81	0.70	0.95	0.91
b 光电设备	1.07	0.90	0.78	0.75	0.98	0.97
c 运输设备	1.02	0.98	1.15	1.12	1.14	1.16
（2）其他产品生产 = a + b + c	9.95	10.40	10.58	11.30	13.04	12.36
a 采矿、采石	2.52	2.48	2.34	2.69	2.72	2.83
b 供电、供气和供水	2.05	2.52	2.68	2.43	1.83	1.65
c 建筑	5.38	5.40	5.56	6.18	8.49	7.88
3 服务业 = （1）+（2）	44.28	45.26	47.56	53.13	52.71	54.64
（1）市场服务 = A + B + C + D	34.02	34.91	36.87	41.02	42.39	43.07
A 贸易和分销 = a + b	16.78	17.27	19.02	20.31	21.95	21.96

续表

	1987 年	1992 年	1997 年	2002 年	2007 年	2010 年
a 贸易	11.56	11.76	13.16	13.96	15.39	15.77
b 运输和仓储	5.22	5.51	5.86	6.35	6.56	6.19
B 金融服务	3.44	4.14	5.32	6.28	5.48	5.66
C 设备租赁和企业服务	0.84	0.96	1.42	2.74	4.10	4.65
D 其他市场服务 = a + b + c	12.96	12.54	11.11	11.69	10.86	10.80
a 酒店和餐馆	0.89	0.98	1.20	1.37	1.71	1.48
b 邮电通信	0.83	1.11	1.49	1.51	1.45	1.10
c 其他服务	11.24	10.45	8.42	8.81	7.70	8.22
（2）非市场服务 = a + b + c	10.26	10.35	10.69	12.11	10.32	11.57
a 公共行政和国防、强制性社会保障	6.24	5.96	5.86	6.31	5.13	6.10
b 教育	2.88	3.13	3.50	4.10	3.63	3.94
c 健康和社会工作	1.14	1.26	1.33	1.70	1.56	1.53
总计 = 1 + 2 + 3	100	100	100	100	100	100

资料来源：根据印度 KLEMS 数据库计算而来。

表 4.2　1987～2010 年中国部门产值比重

单位：%

	1987 年	1992 年	1997 年	2002 年	2007 年	2010 年
1 农业	36.40	24.75	20.75	15.54	12.99	12.32
2 工业 =（1）+（2）	32.93	38.71	45.18	42.61	44.30	43.62
（1）制造业 = A + B	21.59	28.27	33.64	29.30	31.59	31.00
A 消费品和中间品制造业（a + … + j）	16.47	21.27	25.78	21.09	22.26	20.62
a 食品、饮料和烟草	2.07	2.24	3.53	2.72	2.67	3.16
b 纺织品、皮革和鞋类	3.35	3.68	5.29	3.11	2.94	2.67
c 木材和木材制品	0.46	0.42	0.73	0.86	0.86	0.78

	1987 年	1992 年	1997 年	2002 年	2007 年	2010 年
d 纸浆、纸、印刷品和出版物	0.79	0.99	1.33	1.39	0.91	0.88
e 焦炭、石油和核燃料	0.34	0.58	0.55	0.66	1.04	0.88
f 化品和化学制品	2.22	3.04	3.29	2.89	3.09	2.82
g 橡塑制品	0.73	1.04	1.13	1.39	1.10	1.02
h 其他非金属矿产	2.52	3.46	3.95	1.98	2.44	2.49
i 基本金属和金属制品	2.92	4.31	3.57	4.50	5.65	5.15
j 制造业产品、生活必需品、回收利用	1.07	1.51	2.41	1.59	1.56	0.77
B 投资品制造业 = a + b + c	5.12	7.01	7.86	8.21	9.33	10.38
a 机械、生活必需品	2.41	3.06	3.31	2.83	2.97	2.83
b 光电设备	1.64	2.38	2.96	3.62	4.42	4.65
c 运输设备	1.07	1.57	1.59	1.76	1.94	2.90
（2）其他产品生产 = a + b + c	11.34	10.44	11.54	13.31	12.71	12.62
a 采矿、采石	3.57	3.01	3.07	3.98	3.68	3.35
b 供电、供气和供水	1.14	2.00	2.25	3.32	3.00	2.56
c 建筑	6.63	5.43	6.22	6.01	6.03	6.71
3 服务业 = （1） + （2）	30.67	36.53	34.07	41.85	42.71	44.06
（1）市场服务 = A + B + C + D	24.25	29.38	26.87	31.36	32.86	34.03
A 贸易和分销 = a + b	13.38	15.60	12.59	12.45	12.61	12.78
a 贸易	9.63	9.41	7.22	6.01	7.05	7.76
b 运输和仓储	3.75	6.19	5.37	6.44	5.56	5.02
B 金融服务	5.13	9.14	7.32	8.82	9.38	10.32
C 设备租赁和企业服务	2.36	1.11	1.86	2.65	3.84	4.04

续表

	1987 年	1992 年	1997 年	2002 年	2007 年	2010 年
D 其他市场服务 = a + b + c	3.38	3.53	5.10	7.44	7.03	6.89
a 酒店和餐馆	1.68	2.18	2.01	2.19	2.22	2.03
b 邮电通信	0.29	0.69	1.20	2.47	2.44	2.57
c 其他服务	1.41	0.66	1.89	2.78	2.37	2.29
（2）非市场服务 = a + b + c	6.42	7.16	7.20	10.49	9.85	10.03
a 公共行政和国防、强制性社会保障	2.68	3.47	3.31	4.68	4.74	4.76
b 教育	2.69	2.50	2.66	3.86	3.38	3.52
c 健康和社会工作	1.05	1.19	1.23	1.95	1.73	1.75
总计 = 1 + 2 + 3	100.00	100.00	100.00	100.00	100.00	100.00

资料来源：根据中国 KLEMS-CIP 数据库计算而来。

图 4.6 用比较直观的形式对比了中国和印度 2010 年 27 个部门的产值比重，两国最明显的差距出现在制造业和服务业。在制造业，中国的产值比重约是印度的二倍，而在服务业，中国的产值比重约是印度的 80%。

表 4.3 和表 4.4 是关于中国和印度各部门的就业结构。对两个表中的数据进行对比可以看到，印度的就业结构中，农业一直在发挥吸纳就业的积极作用，虽然 1987~2010 年农业的就业比重下降了 14.92 个百分点，但仍然较高，2010 年为 50.25%。而中国农业的就业比重低于印度，农业也曾经是中国吸纳就业的主要产业，但观察期内的就业比重呈逐年下降趋势，1987~2010 年下降了 20.81 个百分点，远高于印度农业就业比重的降幅。这也从侧面说明了中国农业的劳动生产率要高于印度。关于工业，从表 4.3 和表 4.4 对比来看，印度工业的

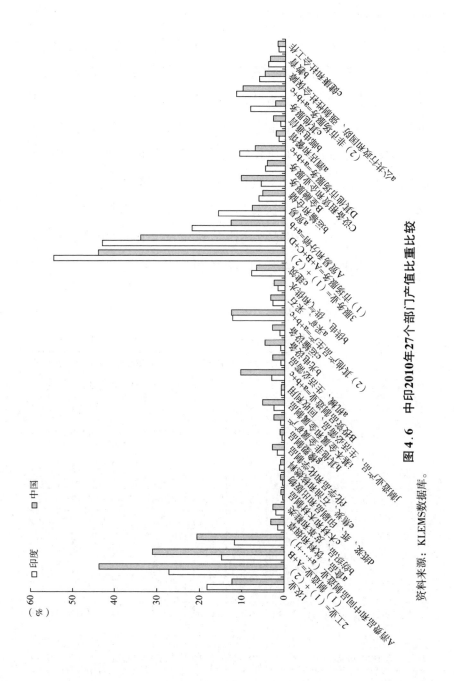

图 4.6　中印2010年27个部门产值比重比较

资料来源：KLEMS数据库。

就业比重远远低于农业,特别是工业中的制造业,就业比重更低,甚至在 2010 年下降到了工业就业比重的一半以下。相反,中国工业的就业比重远远高于印度,是印度的将近 2 倍,且整体呈上升趋势。印度工业产值比重低,既是印度正规就业率低的原因,同时也影响了工业企业的进一步发展。关于服务业的就业结构,印度的表现比较特殊,其服务业的产值比重在观察期内一直是高于中国的,但其就业比重一直低于中国,2010 年印度服务业的产值比重达到 54.64%,而中国服务业的产值比重为 44.06%,中国服务业的产值比重低于印度 10.58 个百分点,但就业比重高于印度 11.12 个百分点。

表 4.3　1987～2010 年印度部门就业比重

单位:%

	1987 年	1992 年	1997 年	2002 年	2007 年	2010 年
1 农业	65.17	64.41	61.91	58.40	54.10	50.25
2 工业 =（1）+（2）	15.69	14.94	15.66	17.12	19.19	21.55
（1）制造业 = A + B	11.01	10.60	10.83	11.21	10.71	10.68
A 消费品和中间品制造业（a + … + j）	10.41	9.83	10.03	10.42	9.78	9.62
a 食品、饮料和烟草	2.25	2.41	2.54	2.40	2.18	2.22
b 纺织品、皮革和鞋类	3.84	3.15	2.93	3.13	2.90	2.69
c 木材和木材制品	0.92	0.88	1.04	1.14	0.94	0.80
d 纸浆、纸、印刷品和出版物	0.29	0.26	0.30	0.34	0.36	0.35
e 焦炭、石油和核燃料	0.03	0.04	0.05	0.04	0.03	0.03
f 化学品和化学制品	0.40	0.45	0.46	0.46	0.42	0.40
g 橡塑制品	0.11	0.16	0.22	0.21	0.17	0.19

	1987 年	1992 年	1997 年	2002 年	2007 年	2010 年
h 其他非金属矿产	0.92	0.87	0.85	0.92	0.95	0.98
i 基本金属和金属制品	0.80	0.75	0.82	0.85	0.83	0.87
j 制造业产品、生活必需品、回收利用	0.85	0.86	0.82	0.93	1.00	1.09
B 投资品制造业 = a + b + c	0.60	0.77	0.80	0.79	0.93	1.06
a 机械、生活必需品	0.16	0.35	0.35	0.31	0.34	0.37
b 光电设备	0.22	0.24	0.29	0.28	0.29	0.34
c 运输设备	0.22	0.18	0.16	0.20	0.30	0.35
（2）其他产品生产 = a + b + c	4.68	4.34	4.83	5.91	8.48	10.87
a 采矿、采石	0.71	0.70	0.60	0.56	0.61	0.60
b 供电、供气和供水	0.34	0.37	0.32	0.28	0.29	0.30
c 建筑	3.63	3.27	3.91	5.07	7.58	9.97
3 服务业 = （1）+（2）	19.14	20.65	22.43	24.48	26.71	28.20
（1）市场服务 = A + B + C + D	14.08	15.65	17.18	19.17	21.20	22.50
A 贸易和分销 = a + b	9.53	10.17	11.60	12.80	13.61	13.88
a 贸易	7.02	7.55	8.54	9.32	9.74	9.79
b 运输和仓储	2.51	2.62	3.06	3.48	3.87	4.09
B 金融服务	0.44	0.56	0.57	0.62	0.78	0.90
C 设备租赁和企业服务	0.26	0.33	0.50	0.77	1.05	1.33
D 其他市场服务 = a + b + c	3.85	4.59	4.51	4.98	5.76	6.39
a 酒店和餐馆	0.93	0.90	1.04	1.25	1.35	1.47
b 邮电通信	0.17	0.20	0.27	0.38	0.42	0.40
c 其他服务	2.75	3.49	3.20	3.35	3.99	4.51
（2）非市场服务 = a + b + c	5.06	5.00	5.25	5.31	5.51	5.70
a 公共行政和国防、强制性社会保障	2.98	2.73	2.63	2.22	2.07	2.00

	1987 年	1992 年	1997 年	2002 年	2007 年	2010 年
b 教育	1.52	1.71	1.97	2.32	2.60	2.79
c 健康和社会工作	0.56	0.56	0.65	0.77	0.84	0.91
总计 = 1 + 2 + 3	100	100	100	100	100	100

资料来源：根据印度 KLEMS 数据库计算而得。

表 4.4　1987～2010 年中国部门就业比重

单位：%

	1987 年	1992 年	1997 年	2002 年	2007 年	2010 年
1 农业	52.66	52.00	46.62	43.70	35.51	31.85
2 工业 =（1）+（2）	26.89	25.81	25.56	22.51	26.37	28.83
（1）制造业 = A + B	20.74	19.68	18.15	14.76	18.43	19.42
A 消费品和中间品制造业（a + … + j）	17.18	16.23	14.71	11.73	13.76	14.06
a 食品、饮料和烟草	2.21	1.98	1.88	1.39	1.45	1.58
b 纺织品、皮革和鞋类	3.90	3.82	3.13	3.05	4.15	4.18
c 木材和木材制品	0.64	0.55	0.63	0.58	0.93	0.97
d 纸浆、纸、印刷品和出版物	0.83	0.86	0.71	0.62	0.76	0.75
e 焦炭、石油和核燃料	0.08	0.13	0.13	0.10	0.12	0.13
f 化学品和化学制品	0.90	1.02	1.07	0.87	0.98	1.06
g 橡塑制品	0.96	0.91	0.91	0.84	1.15	1.20
h 其他非金属矿产	3.40	2.88	2.73	1.73	1.52	1.42
i 基本金属和金属制品	2.09	2.08	2.07	1.58	1.82	1.92
j 制造业产品、生活必需品、回收利用	2.17	2.00	1.45	0.97	0.88	0.85
B 投资品制造业 = a + b + c	3.56	3.45	3.44	3.03	4.67	5.36
a 机械、生活必需品	1.87	1.70	1.39	1.00	1.40	1.51

续表

	1987 年	1992 年	1997 年	2002 年	2007 年	2010 年
b 光电设备	1.17	1.21	1.40	1.48	2.55	2.97
c 运输设备	0.52	0.54	0.65	0.55	0.72	0.88
（2）其他产品生产 = a + b + c	6.15	6.13	7.41	7.75	7.94	9.41
a 采矿、采石	1.38	1.39	1.32	0.90	1.08	1.12
b 供电、供气和供水	0.28	0.35	0.43	0.44	0.49	0.51
c 建筑	4.49	4.39	5.66	6.41	6.37	7.78
3 服务业 = （1）+（2）	20.45	22.19	27.82	33.79	38.12	39.32
（1）市场服务 = A + B + C + D	13.28	15.25	18.88	24.40	26.96	27.24
A 贸易和分销 = a + b	8.62	8.87	10.02	11.69	11.62	11.21
a 贸易	5.36	5.72	6.82	8.82	8.97	8.69
b 运输和仓储	3.26	3.15	3.19	2.87	2.65	2.52
B 金融服务	0.42	0.47	0.62	0.70	2.25	2.97
C 设备租赁和企业服务	0.41	0.59	0.50	0.40	1.65	2.01
D 其他市场服务 = a + b + c	3.83	5.32	7.74	11.61	11.44	11.05
a 酒店和餐馆	0.77	0.96	1.71	2.54	2.81	2.70
b 邮电通信	0.31	0.33	0.47	0.51	0.51	0.54
c 其他服务	2.74	4.03	5.56	8.57	8.12	7.81
（2）非市场服务 = a + b + c	7.17	6.94	8.94	9.39	11.16	12.08
a 公共行政和国防、强制性社会保障	2.41	1.77	1.73	1.63	4.23	5.13
b 教育	3.50	3.72	5.05	5.30	4.67	4.62
c 健康和社会工作	1.26	1.45	2.16	2.46	2.26	2.33
总计 = 1 + 2 + 3	100	100	100	100	100	100

资料来源：根据中国 KLEMS-CIP 数据库计算而来。

综上可见，由于受到两国统计口径和本国就业实际情况的影响，两国就业结构的可比性不是特别强，因为印度非正规就业数量庞大，在获取统计数据上存在困难。但两国的就业结构仍存在一定的比较意义，比如：首先，农业对中印两国在吸纳就业上的作用都较大，因此两国如何实现农业劳动力的有效转移，是一个重大课题；其次，印度工业没有吸纳大量农业劳动力是其产业结构的一个缺陷，不利于印度减贫工作的开展；最后，印度服务业在吸纳劳动力上没有发挥应有的作用，不利于收入分配的公平性。两个国家如何促进工业、服务业的发展，从而在产值结构及就业结构上有所改善，是两国面临的共同问题（沈开艳、权衡，2008）。

图4.7用比较直观的形式对比了中国和印度2010年27个部门的就业比重，与产值比重不同的是，两国就业比重最明显的差距出现在制造业中的投资品制造业，中国投资品制造业的就业比重是印度的5倍多，其次是服务业中的非市场服务，中国在非市场服务上的就业比重是印度的2倍多。

第二节　中印产业结构质量比较

动态来看，产业结构变动实质上是产业结构不断优化的过程，而产业结构优化的表现在于产业结构的合理化和高级化，二者缺一不可。产业结构的合理化和高级化被看作反映产业结

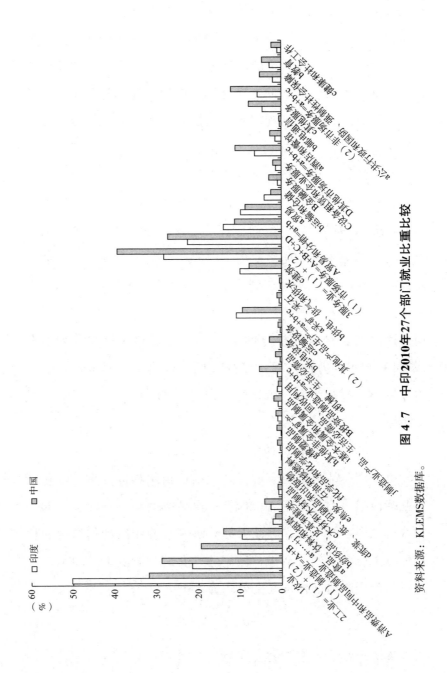

图4.7　中印2010年27个部门就业比重比较

资料来源：KLEMS数据库。

构质量的两个指标。产业结构质量的提升是现代经济发展的重要途径，这就需要对产业结构合理化和高级化进行准确衡量并及时监测，以适应经济形势动态变化的本质，为产业政策的制定提供准确依据。本部分先确定产业结构合理化与高级化的含义及衡量方式，接下来利用实证数据对中印产业结构合理化和高级化的程度进行比较。

产业结构合理化指的是各产业间的聚合质量逐渐提高，产业之间相互作用产生一种不同于各产业能力之和的整体能力（周振华，1992）。它一方面反映了产业之间的协调程度，另一方面反映了资源有效利用的程度，即产业结构合理化是对要素投入结构和产出结构耦合程度的一种衡量（干春晖、郑若谷、余典范，2011）。由于产业结构本身是一个极其复杂的系统，用来评价产业结构合理化的指标也会涉及很多因素。刘淑茹（2011）根据产业结构评价基准及原则构建了一套合理化评价指标体系，包括 5 个一级指标，12 个二级指标，以及 37 个三级指标。

1. 产业结构合理化的第一种衡量指标

由于产业结构的演变过程既包括产出结构的变动，也包括就业结构的变动，而产出结构与就业结构变动不一致会引起相对劳动生产率的变动，因此大部分研究者使用结构偏离度和比较劳动生产率对产业结构合理化进行度量（黄洪琳，2008）。

单个产业的结构偏离度公式为：

$$D_i = (L_i/L - Y_i/Y) \tag{4.1}$$

整体产业结构偏离度公式为：

$$D = \sum_{i=1}^{n} \left| L_i/L - Y_i/Y \right| \; (i = 1, 2, 3) \tag{4.2}$$

D 代表结构偏离度，Y 代表总产值，L 代表总就业，i 代表产业，n 代表产业部门的数量。

公式 L_i/L 代表产业 i 的就业比重，公式 Y_i/Y 代表产业 i 的产值比重。

单个部门的比较劳动生产率公式为：

$$P_i = \frac{Y_i/Y}{L_i/L} = \frac{Y_i/L_i}{Y/L} \tag{4.3}$$

整个产业的比较劳动生产率公式为：

$$P = \sum_{i}^{n} \frac{Y_i/L_i}{Y/L} \tag{4.4}$$

产业结构偏离度 D 值可能大于零，也可能小于零，零值代表无偏离，该数值的绝对值越小，代表产业结构越合理。如果大于零，叫作正偏离，此时比较劳动生产率小于1，意味着该产业的就业比重大于产值比重，劳动效率低，存在劳动要素流出的可能性；相反，则意味着存在劳动要素流入的可能性。由于发展中国家要素市场的非均衡现象表现较为突出（钱纳里、鲁宾逊、赛尔昆，1989），从而 D 值通常不为0。

2. 产业结构合理化的第二种衡量指标

干春晖、郑若谷、余典范（2011）指出上述衡量方法存在一个缺陷，即不能反映各产业在整个经济中的重要程度，于是其用泰尔指数来度量产业结构的合理化程度，该指标表示如下：

$$T = \sum_{i}^{n} \frac{Y_i}{Y} \ln \left(\frac{Y_i}{L_i} \Big/ \frac{Y}{L} \right) \tag{4.5}$$

对比劳动生产率指数和泰尔指数，可以看出两个指数的经济意义相似，都有关键指标 $\dfrac{Y_i}{L_i} \Big/ \dfrac{Y}{L}$，但使用泰尔指数能够度量某产业对产业结构的影响程度，即某产业的产值比重 $\dfrac{Y_i}{Y}$ 所具有的意义。若该指数等于零，说明产业结构最合理，指数值越大，则表示产业结构越不合理。

发展中国家原有的产业结构都是畸形的、低水准的（洪银兴、魏杰、韩志国，1987），表现在一些产业在没有相应基础产业发展的前提下超前发展、高能耗部门比重过高、资源利用效率低等。产业结构高级化是指产业结构从较低水准向较高水准的发展过程（周振华，1992），即各产业之间的协调程度提高，产业结构更新换代以满足社会发展需要。与产业结构合理化衡量产业内各部门间的比例关系不同，产业结构高级化是相对于外部需求结构而言的，是指产业结构随着需求结构的变化向更高一级演进的过程。例如，从以第一产业为主的产业结构转变为以第二产业为主的产业结构意味着产业结构升级；再比如，在第二产业中由生产初、中级消费品的产业结构转变为生产以资本品为主的产业结构也意味着产业结构升级。

应该注意的是，产业结构高级化并不是一个主观随意的过程，不能把产业结构的任一变动都看作高级化的过程。产业结构高级化一定伴随着经济效益的不断提高，一方面标志着与产业结构相配合的技术水平提高，另一方面标志着满足社会需要的社会产品的供给能力提高（洪银兴、魏杰、韩志国，1987）。

1. 产业结构高级化的第一种衡量指标

大部分学者根据配第－克拉克定理的内容，用第二产业和第三产业产值之和与第一产业产值之比作为产业结构高级化的衡量指标：

$$H_1 = \frac{Y_2 + Y_3}{Y_1} \qquad (4.6)$$

但实际上，配第－克拉克定理描述的主要是劳动力在产业间的转移，即随着国民收入的提高，劳动力从第一产业流向第二产业，再从第二产业流向第三产业。因此，此处应该结合第二产业和第三产业就业量之和与第一产业就业量的比值衡量产业结构高级化，因此需要另一个公式：

$$H_2 = \frac{L_2 + L_3}{L_1} \qquad (4.7)$$

2. 产业结构高级化的第二种衡量指标

20 世纪 70 年代，信息技术革命对产业结构产生了巨大冲击，主导产业由工业转变为信息业，出现了"经济服务化"趋势，以非农产业的产值比重衡量产业结构高级化的方法反映不了这种新趋势。鉴于"经济服务化"过程中的一个典型事实是第三产业的劳动生产率领先于第二产业的劳动生产率（吴敬琏，2017），因此，为了能够反映经济结构的服务化倾向，干春晖等（2011）采用第三产业的产值与第二产业的产值之比作为衡量产业高级化的指标，记作：

$$HD = \frac{Y_3}{Y_2} \qquad (4.8)$$

3. 产业结构高级化的第三种衡量指标

仅用前述干春晖这一个指标还不足以衡量产业结构高级化，如前所述，产业结构的变动还包括就业结构的变化，因此，还需要衡量产业结构变动过程中的劳动生产率是否提高，即所谓的"结构效益"是否得到提升。因此，还需要结合各产业的劳动效率指标变化，考察产业结构高级化。刘伟、张辉、黄泽华（2008）将产业比例关系与劳动生产率的乘积作为产业结构高级化的衡量指标：

$$H = \sum v_{it} \times LP_{it} \tag{4.9}$$

这里 i 在一个开放的集合中，可以是三次产业分类法中的 1，2，3，代表三次产业，也可以是从 1 到 n 连续数中的任意一个，代表产业部门被细分后的某一个产业。v_{it} 代表产业 i 的产值比重，即 $\dfrac{Y_i}{Y}$，LP_{it} 是产业 i 的劳动生产率，即 $\dfrac{Y_i}{L_i}$，由于该指标不是无量纲，需要进行标准化，标准化后的劳动生产率 LP_{it}^N 为：

$$LP_{it}^N = \frac{LP_{it} - LP_{ib}}{LP_{if} - LP_{ib}} \tag{4.10}$$

LP_{ib} 为工业化初期产业 i 的劳动生产率，LP_{if} 为工业化完成后产业 i 的劳动生产率。其中 LP_{ib} 和 LP_{if} 的取值是借鉴标准产业模型进行计算的，结果见表 4.5，所有数据都以 2005 年美元计算而得。

表 4.5　工业化起点和终点各产业劳动生产率标准

	劳动生产率 （2005 年美元）	劳动生产率 （2005 年人民币）
工业化起点：人均收入为 706 美元（2005 年美元）		
第一产业	352	2570
第二产业	1473	10755
第三产业	1714	12509
工业化终点：人均收入为 10584 美元（2005 年美元）		
第一产业	7268	53058
第二产业	19320	141036
第三产业	6773	49441

资料来源：刘伟、张辉、黄泽华：《中国产业结构高度与工业化进程和地区差异的考察》，《经济学动态》2008 年第 11 期。

刘伟、张辉、黄泽华（2008）提出的产业结构高级化指标 $H = \sum v_{it} \times LP_{it}$ 既涵盖了各产业的产值比重，也涵盖了劳动生产率，该值越大代表产业结构越高级，相反亦然。

下面将用前述关于衡量产业结构合理化和高级化的指标分别考察中印产业结构合理化与高级化程度，并进行对比说明。

一　中国产业结构合理化程度

根据 1978～2018 年中国国家统计局历年相关统计数据，分别计算大部分学者常用的产业结构偏离度和比较劳动生产率指标，再计算干春晖等（2011）提出的产业结构合理化指数（T），并将数值结果绘制在下面各图中进行比较分析。

由图 4.8、图 4.9 和图 4.10 可知，1978～2018 年，无论是

以大部分学者常用的产业结构偏离度和比较劳动生产率指标，还是以干春晖等（2011）提出的产业结构合理化指数来衡量，我国三次产业结构的合理化指数绝对值之和都呈现波动下降趋势，分别表现为图 4.8 中的曲线 D 和图 4.10 中的曲线 T 呈波动下降趋势。这说明，自改革开放以来，我国产业结构偏离度日趋降低，产业结构合理化程度逐步提高。

1. 产业结构合理化的第一种衡量结果

改革开放以来，我国产业结构偏离度的演变轨迹如图 4.8 所示。其中 D 为三个产业结构偏离度绝对值之和，D_i 为第 i 产业的结构偏离度。首先曲线 D 从左到右趋于下降，代表产业结构偏离度下降，但产业结构偏离度总体偏高，特别是第一产业的结构偏离度较第二产业、第三产业的结构偏离度绝对值都高，说明我国第一产业就业结构的转变严重滞后于产值结构的转变，但都有偏离度降低的趋势。

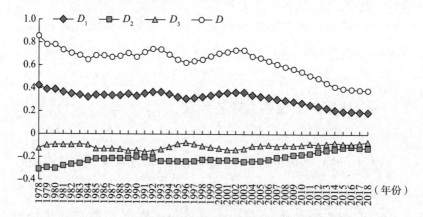

图 4.8　1978 ~ 2018 年中国产业结构偏离度演变

资料来源：根据中国国家统计局 1978 ~ 2018 年产值结构数据计算而得。

改革开放以来，我国比较劳动生产率的演变轨迹如图4.9所示。总体比较劳动生产率 P 呈走低趋势，其中第一产业的比较劳动生产率 P_1 最低，徘徊在0.5附近，意味着 $Y_i/L_i \approx 0.5 Y/L$，同时表明第一产业仍然有大量劳动力需要转移出来。第二产业的比较劳动生产率 P_2 为三次产业中最高。第三产业的比较劳动生产率介于1和2之间，表示该产业没有发挥出吸纳更多劳动力的功能，需要有新的服务需求的增长，才能提升就业比重。

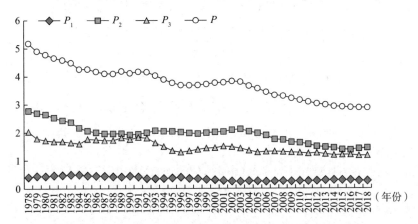

图4.9　1978～2018年中国比较劳动生产率演变

资料来源：根据中国国家统计局1978～2018年产值结构和就业数据计算而得。

2. 产业结构合理化的第二种衡量结果

图4.10描绘的是干春晖等（2011）提出的用以衡量产业结构合理化程度的泰尔指数。由图4.10可知，我国自改革开放以来，泰尔指数呈波动下降趋势，意味着总和产业结构合理化程度日益提高，其中有两个时间段的合理化程度提高速度较快，分别是1978～1984年和2003～2018年，而1993～2003年的产业结构合理化程度先上升后下降。

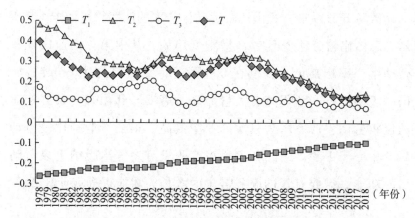

图 4.10 1978～2018 年中国产业结构合理化指数

（泰尔指数）演变轨迹

资料来源：根据图 4.8 和图 4.9 的数据计算而得。

1978～1984 年产业结构合理化程度提高的原因分析如下。就第一产业的泰尔指数而言，呈现负值并逐渐上升趋势，负值的原因在于公式 $\ln\left(\dfrac{Y_1}{L_1}\bigg/\dfrac{Y}{L}\right)$ 中的 $\dfrac{Y_1}{L_1}\bigg/\dfrac{Y}{L}$ 的值小于自然常数 e，因此负号可以略去，只看数值，有下降趋势但比较小，其对整体产业结构合理化的贡献大。1978 年，我国处于改革开放元年，改革之初，重点在农村，家庭联产承包责任制的推行激发了劳动积极性，第一产业得到迅速发展，使这一时期的产业结构合理化程度得到提高。

2003～2018 年产业结构合理化程度提高的原因分析如下。在这一时段，对产业结构合理化程度提高贡献最大的是第二产业。随着我国加入世界贸易组织（WTO）以及经济全球化的扩展，我国良好的投资环境吸引了大量外资企业，这些企业吸收了大量劳动力，使泰尔指数在 2004 年后出现下降趋势。

1993～2003 年产业结构合理化程度先上升后下降的原因分析如下。1992 年，我国确立了社会主义市场经济体制的改革目标，这一政策使得我国工业化进程迅速加快，促进第二产业快速发展起来，同时劳动力向第三产业和外资企业转移，使1993～2003 年的泰尔指数先下降后上升（干春晖、郑若谷、余典范，2011）。

综上可见，无论是用产业结构偏离度还是用产业结构合理化指数，两个指标的变动趋势大体相当，都能得出我国产业结构合理化程度日趋提高的结论。但也存在问题，即我国就业结构和产值结构的转换速度慢于经济增长速度，结构偏离程度总体偏高而且变化速度慢，表现在第一产业的剩余劳动力过多，且转移速度慢。

二　中国产业结构高级化程度

产业结构合理化和高级化是产业结构调整所追求的两个目标，产业结构高级化以产业结构合理化为基础，产业结构合理化贯穿于产业结构高级化的整个过程。简言之，产业结构高级化过程表现为主导产业和支柱产业的快速成长和更替，带动相关产业发展，使产业结构从低水平均衡向高水平均衡移动。

1. 产业结构高级化的第一种衡量结果

根据 1978～2018 年中国国家统计局历年相关统计数据，计算前述以配第－克拉克定理为基础的衡量产业结构高级化的指标 H_1、H_2，并将数值结果绘制在图 4.11 中。

由图 4.11 可知，1978～2018 年，衡量我国产业结构高级化程度的非农产业产值比重和非农产业就业比重都呈现波动上升趋势，代表高级化程度有所提升。

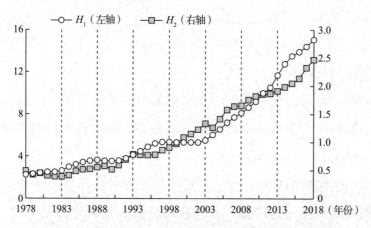

图 4.11　1978～2018 年中国产业结构高级化结果

资料来源：根据中国国家统计局相关数据整理计算而得。

其中，非农产业的产值比重稳步提高，符合三次产业比例高级化发展规律，即第一产业的产值比重逐渐下降，第二、第三产业的产值比重逐渐上升，而且上升趋势比较稳定。而非农产业就业比重的上升速度非常快，代表劳动力转移迅速，第二产业和第三产业共同吸收了来自第一产业的剩余劳动力。特别是 2002 年以后，出现了农业劳动力转移的一个高潮。

2. 产业结构高级化的第二种衡量结果

干春晖等提出用第三产业与第二产业增加值之比作为衡量产业结构高级化的指标，结果如图 4.12 中 *HD* 所示。可以看出这种用第三产业与第二产业增加值之比衡量高级化的结果与用非农产业的产值比重所反映的趋势是一致的，而且，各个区间的变化速度极其相似。这说明三次产业产值的变化速度基本相当，也说明了工业和服务业的发展稍显落后。

第三产业的增加值在 2012 年开始超过第二产业的增加值，说明服务业对 GDP 的贡献越来越大。

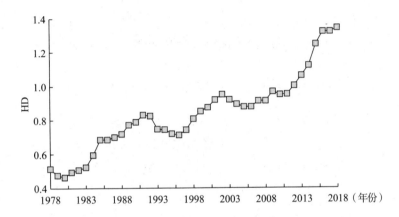

图 4.12　1978～2018 年中国国家产业结构高级化结果
（基于干春晖等的方法）

资料来源：根据中国国家统计局相关数据整理计算而得。

3. 产业结构高级化的第三种衡量结果

刘伟等所提出的衡量产业高级化的方法，是将产业比例关系与劳动生产率的乘积作为产业结构高级化的衡量指标：$H = \sum v_{it} \times LP_{it}$。根据国家统计局的数据计算结果，如图 4.13 所示。

通过图 4.13 可以看出，我国在 1978～1990 年产业结构高级化程度在负值处徘徊，说明劳动生产率相当低，特别是第三产业劳动生产率最低。1990 年之后，产业结构高级化水平逐渐上升，到 1998 年后开始加速，尤其是第三产业上升最快，第一产业基本保持不变，第二产业居中。表明经济结构开始进入健康、稳定发展状态。

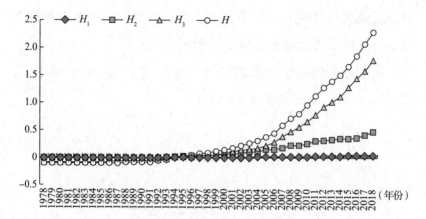

图 4.13　1978～2018 年中国产业结构高级化结果
（基于刘伟等的方法）

资料来源：根据中国国家统计局相关数据整理计算而得。

三　印度产业结构合理化程度

1. 产业结构合理化的第一种衡量结果

由于印度 1991 年前的数据查询不到，这里只考察印度改革后的产业结构合理化演变轨迹。如图 4.14 所示，其中 D 为三个产业结构偏离度绝对值之和，D_i 为第 i 产业的结构偏离度。D 曲线 1991～2007 年呈波动上升趋势，代表产业结构偏离度提高，2008 年后逐渐下降，代表产业结构偏离度下降，但与中国相比仍处于高位。其中 1998 年后印度之所以出现一段时间的产业结构偏离度提高，主要原因在于服务业的产业结构偏离度提高，这是由于 20 世纪末的信息革命，给印度的服务业发展提供了一次机遇，使印度的服务业产值比重上升，而就业比重变化小。总体的产业结构偏离度高，说明印度就业结构的转变严重滞后于产值结构的转变，但产业结构合理化程度在未来仍呈上升趋势，表现为 D 曲线呈下降轨迹。

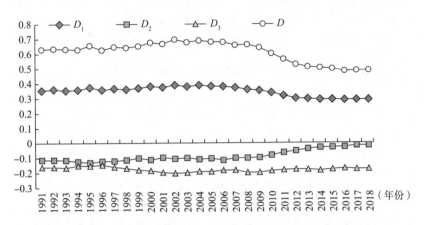

图 4.14　1991～2018 年印度产业结构偏离度演变轨迹
资料来源：根据世界银行和快易数据网相关数据整理计算而得。

2. 产业结构合理化的第二种衡量结果

图 4.15 描绘的是干春晖等提出的用来衡量产业结构合理化程度的泰尔指数。由图 4.15 可知，印度自改革开放以来，衡量产业结构合理化程度的泰尔指数呈小幅波动下降趋势，意味着总体的产业结构合理化程度日益提高，特别是 2008 年以后，泰尔指数的下降速度明显快于之前。对比观察图 4.14 和图 4.15 可知，用泰尔指数衡量的产业结构合理化程度与用产业结构偏离度衡量的合理化程度走势相同。

从图 4.15 可以看出，2008 年以后印度总体产业结构泰尔指数 T 呈下降趋势。第一产业的泰尔指数为负值并呈现逐渐上升趋势，为负值的原因在于公式 $\ln\left(\frac{Y_1}{L_1}\bigg/\frac{Y}{L}\right)$ 中的 $\frac{Y_1}{L_1}\bigg/\frac{Y}{L}$ 的值小于

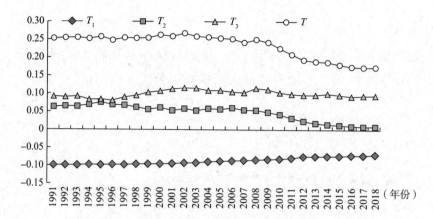

**图 4.15　1991～2018 年印度产业结构合理化指数
（泰尔指数）演变轨迹**

资料来源：根据世界银行相关数据整理计算而得。

自然常数 e，因此负号可以略去，只看绝对值，则泰尔指数呈
下降趋势，表明其对整体产业结构合理化有一定的贡献，但贡
献不大。第二产业的泰尔指数下降最快，对总体产业结构的影
响最大。第三产业的贡献与第一产业相当。

第二产业的泰尔指数大幅下降的原因分析如下。印度自
1991 年实施经济自由化和全球化改革之后，在工业政策方面，
除 15 种工业外，其他工业基本取消了生产许可证制度。2004
年印度政府开始重视制造业的发展，制定了一系列措施来发展
制造业。

第三产业的泰尔指数微弱上升的原因分析如下。印度与中
国最大的一个不同是第三产业对经济增长的贡献差异。这主要
是因为印度近年来以金融、软件服务外包为主的现代服务业得
到迅速发展，并逐渐成为国民经济中的支柱产业，第三产业的
产值比重上升较快，使印度获得了"世界办公室"的名片。比

尔·盖茨曾经认为"未来的软件超级大国不是美国，不是日本，也不是欧洲国家，而是印度"（唐鹏琪，2001）。但服务外包业务的迅速增长并没有为印度带来更多的就业机会，正如辛格总理所指出的，印度经济最大的问题是不能给普通劳动者带来更多的工作，这一直以来困扰各届印度政府的就业难题，并没有因为外包服务业的快速增长而得到解决（董磊，2013）。

第一产业的泰尔指数绝对值微弱下降的原因分析如下。印度独立后，工业和服务业虽然有了较快发展，但印度仍然是一个以农业为主的发展中国家，农业的产值结构和就业结构对整体经济的影响较大。虽然早在20世纪40年代印度就实施了土地改革、绿色革命等农村改革措施，但屡遭失败，改革的不彻底性甚至带来其他恶果。

综上，无论是用产业结构偏离度，还是用泰尔指数来衡量，都能得出印度产业合理化程度日趋提高的结论，但合理化程度提高的速度仍然比较缓慢。

四　印度产业结构高级化程度

关于中国产业结构高级化程度，前面分别用三种衡量指标进行了计算，结论是三种衡量结果趋同。

由于印度各产业的就业数据难以获得，因此本部分仅就能获得的2002～2011年劳动生产率数据对印度产业结构高级化程度，即用刘伟等提出的产业结构高级化指标进行计算。

从图4.16可以看出，2002～2011年，印度总体产业结构高级化程度是不断提高的，而且速度较快，这主要得益于服务业产值比重的提高。而工业和农业的高级化程度则稳定微弱提高，对总体产业结构高级化的贡献很小。

结合前述分析可知，印度的产业结构并不是按照传统的产业结构变动路径发展的，而是绕过工业化走上了服务业占主导地位的变动路径，因此工业发展仍然滞后，总体来看，产业结构合理化与高级化并不统一。

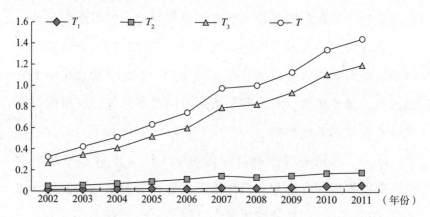

图 4.16   2002～2011 年印度产业结构高级化指数演变轨迹

资料来源：根据世界银行、CEIC 数据库相关数据整理计算而得。

第三节   中印产业结构差异性原因分析

根据前述分析可知，中国和印度的产业结构规模和产业结构质量即产业结构合理化与高级化程度都存在差异。中印两国在 20 世纪 40 年代末都是农业大国，都曾效仿苏联选择了优先发展重工业的工业化道路，都曾经进行过市场化改革，面临相似的国际市场，但最终两国走上了不同的发展道路，本节从需求因素、供给因素和政策因素三个方面展开分析。

一　需求因素

产业结构的形成起源于社会分工，而社会分工起源于商品交换。亚当·斯密是最早提出分工与市场容量之间关系的经济学家。分工与市场容量之间相互作用形成了产业结构的变动顺序，社会分工使得厂商的各项功能相互区别开来并不断走向专业化，专业化提高了生产效率，促进了经济增长，同时为产业结构的变动提供了基础。乔治·J. 斯蒂格勒从斯密定理出发，论证了市场容量和劳动分工的变化、厂商功能的变化及产业的生命周期特征。可见，产业结构的变动离不开市场因素。莱温斯基用典型的"市场扩展"方法解释了比利时工业革命的起源。

产业结构的变动与很多因素有关，其中，社会需求因素是产业结构变动的原动力，如果没有庞大且不断增长的社会需求，再复杂的工业生产机制都无法维持下去，工业化的前提是社会需求的发展。

从微观层面看，影响需求的因素有很多，商品价格、消费者收入、消费者偏好、文化习俗以及消费者人数等；从宏观层面看，影响社会总消费的因素有收入、消费倾向、社会福利制度、人口年龄结构、物价水平等。学术界从需求视角研究产业结构变动时，主要是从需求收入弹性这一指标分析需求对产业结构的影响，这一分析视角起源于克拉克[1]。而上述影响需求的微观因素和宏观因素对需求收入弹性都有影响。因此，本部分从需求收入弹性角度解释中印两国产业结构变动的差异。

就农业部门而言，根据恩格尔定律，随着收入的增加，食物支出在家庭消费中的比重越来越小，因此，农产品的需求收入弹性相对较低。印度的恩格尔系数在 1960 年为 72.4%，1977 年为 62.6%，1993 年下降为 55%（孙国凤，1998）。中国 1993 年城镇居民家庭的恩格尔系数为 50.3%，农村居民家庭的恩格尔系数为 58.1%[2]。所以，两国的恩格尔系数相差不大，两国农业部门的产值比重和就业比重的变动趋势比较一致。

就工业部门而言，从马克思的物质产品生产部门比非物质生产部门重要，到列宁的重工业的增长要快于其他生产资料生产部门的增长，再到"卡尔多－梵登定律"、卡尔多和钱纳里的工业化理论，都强调了工业部门在经济增长中的重要作用（张力群，2009）。理由是：工业品具有较高的需求收入弹性、可贸易度高，工业生产可以获得规模经济并能充分利用技术进步。因此，中国自 1949 年就将发展工业放在首位，时任中央人民政务院副总理兼财政经济委员会主任陈云在为工业发展筹

---

[1] 克拉克在分析产业结构变动时，指出由于农产品的需求收入弹性小且低于第二产业和第三产业产品，随着人们收入的增加，人们的需求转向第二产业和第三产业产品，因此，出现了国民收入和劳动力从第一产业转移至第二、第三产业的变化规律。

[2] 国家统计局。

集资金方面做出了相当大的贡献，他指出要正确认识私营资本，充分利用人民银行的信用主导作用，开辟私人资本投资途径，利用国家资本主义搞工业化（董志凯，2008）。工业的发展离不开资本和劳动力，中国在这方面的条件是印度所不具备的。印度独立初期，是亚洲最贫穷的国家，因此，印度的资金极度短缺，没有发展工业的资本，而印度又不具备筹集大规模资金的能力。由于不具有良好的投资环境，印度的外商直接投资非常少，当然现在有所改观，但印度的工业基础并不牢固。此外，印度私营部门对制造业的兴趣非常低。

就服务业部门而言，美国经济学家 Shelp 曾经指出："农业采掘业和制造业是经济发展的'砖块'，而服务业则是把它们黏合起来的'砂浆'。"（郑吉昌，2009）这足以说明服务业在一国经济增长中的重要作用。亚当·斯密在《国富论》中曾经为服务业"正名"，认为服务业是一种不可存储的、非实物的无形商品，其劳动是体现在劳动活动与货币之间的交换，而不是物和货币之间的交换（王守法，2007）。由于服务产品的需求收入弹性高，收入增加时，生产要素将流向服务业。与印度相比，中国服务业需求偏低的主要原因有以下几点。

第一，历史原因。新中国成立之初，我国实施了优先发展重工业的发展战略，资源配置向重工业倾斜，服务业没有得到相应发展，因此服务业基础非常薄弱，服务供给不足，需求不旺，两者一直处于非良性循环中。而印度独立之初，服务业基础就优于工业。

第二，服务业的市场结构差异。在中国，服务业发展缓慢的一个重要原因在于垄断性市场结构，政府垄断经营，市场准入限制多。银行、保险、电信、铁路、广播电视等领域有着十分严格的市场准入限制，垄断既阻碍了服务业的发展，也导致低效率，因此，中国服务业的供给不足、质量低下，使得中国国民对服务业的需求低。而印度在 1980 年，为了增加经济增长动力，制定了一项新的工业政策，主要内容是扩大允许私营企业和外资企业进入的领域，放宽对私营企业扩大再生产的限制等。新政策的推行改变了印度经济一潭死水的状况，私营企业的经营活力得到激发，企业的投资积极性得到了提高。因此，印度服务业在本来就有基础的条件下进一步发展，与国民对服务业的需求形成良性互动。

第三，服务业参与全球化的程度差异。中国现代服务业参与全球化的程度低，缺乏国际竞争力。2004 年，中国国际贸易进出口额位居世界第三，成为世界贸易大国之一，但同时，中国的服务贸易出现了约 97 亿元的贸易逆差（王守法，2007）。因此，对中国而言，服务业没有积极参与国际贸易，也是服务业需求收入弹性低的原因之一。而印度服务业迅速发展的原因之一就是积极参与全球化，充分利用本国的人才优势、技术优势、信息产业发展优势，大量接受服务外包业务，在全球化背景下发展的印度服务业，其需求收入弹性就比较大。

二　供给因素

一国的资源禀赋是其产业发展的前提条件，资源禀赋结构

影响着产业结构，资源禀赋构成了产业结构的供给因素，一般
包括自然资源禀赋、劳动力资源禀赋、技术等。第一，在自然
资源方面，中印两国的自然资源都比较丰富，因此，自然资源
对两国产业结构差异的影响不大。第二，在劳动力资源上，中
印两国都是人口大国，但两国在提高劳动力素质方面所进行的
教育安排存在较大的差异。在基础教育和中等教育方面，中国
比印度做得好，而印度则将高等教育作为教育发展的重心，从
而为提供大量能以低成本生产高端产品的熟练工程师和设计师
打下良好基础。从另一个角度看，中印两国在教育重心上的差
异决定了劳动资源禀赋的差异，即中国的劳动力资源比印度更
匀质，而匀质劳动力正是制造业所需要的，所以中国制造业的
发展得益于劳动力的平均素质较高，而印度的制造业则受制于
劳动力的极大异质性，印度服务业内部既有传统服务业也有现
代服务业的特点与其低素质劳动力和高素质劳动力并存的状态
相吻合，促进了印度服务业的较快发展（张鹏辉，2010）。此
外，中印两国的劳动参与率也存在极大差异。1990 年，中国的
劳动参与率为 79.13%，同年，印度的劳动参与率为 58.64%；
2019 年，中国的劳动参与率为 68.19%，同年，印度的劳动参
与率为 51.80%[①]。印度极低的劳动参与率不利于制造业的发
展，而对于服务业的发展几乎没有影响。第三，在技术方面，
科技进步是推动一国产业结构变动的最主要因素之一，现有的
生产技术基础决定了现有的产业结构，也决定了产业结构未来

①　世界银行劳动参与率数据（占 15 岁以上总人口的百分比）（模拟劳动组织估计）。

的发展方向。一方面，技术进步产生了新的产业，同时加速了一些老产业的衰退，新老产业的更替，导致了产业结构的变动。另一方面，技术进步激发新的需求，改变需求结构，导致产业结构的变动。1985 年，拉吉夫·甘地就任印度总理后，十分重视科学技术和工业化，科研经费的投入大幅增加，他认为印度没有搭上 19 世纪工业革命的那班车，也没有跳上电子革命的第二班车，对于信息革命这班车无论如何不能错过。因此，拉吉夫·甘地上台后，制定了印度的科技发展政策，高度重视科技研究和开发、科技教育和高级人才的培养，印度的技术人才已经将一条通往新时代的技术之门打开，让印度走上了一条"前无古人"的道路。而中国则搭上了工业化的最后一班车，发展成为"世界工厂"。

三　政策因素

中国在改革开放之前的产业政策是优先发展重工业；改革开放之后到 20 世纪 90 年代提出在注重发展重工业的同时，也要注意轻工业的发展以满足人民生活需要；20 世纪 90 年代之后，产业政策有三个重点目标，即优化产业结构和调整过剩产能、积极走新型工业化道路、加固农业基础和发展服务业。

印度在独立之初至 20 世纪 80 年代，也提出了优先发展重工业的战略，同时加强农业生产；20 世纪 80~90 年代，印度政府特别注重科学技术在经济发展中的作用，分别于 1983 年和 1993 年制定了新的《技术政策声明》和《新技术政策声明》，进一步确认了科技是经济发展的基础；20 世纪 90 年代以后，印度成功地实施了产业技术政策，信息软件、生物技术以及制药等一批高新技术产业迅速崛起，促进了印度产业结构的变动。

第五章　中印经济增长绩效及驱动
因素比较

第一节　中印经济增长绩效比较

中国和印度曾经都是典型的"不发达国家"，土地和其他资源相对于人口来说都很稀缺，都是典型的农业经济社会，人均国民产出徘徊在一定的生存水平附近。然而，自20世纪80年代以来，这两个亚洲大国实施了经济改革，随后世界见证了中国和印度经济的快速转型和增长，两国开始以新兴经济大国的姿态在全球经济格局中崛起，这随后引发了学术界对这两个"亚洲巨人"的比较研究热潮，两国经济改革带来的经济绩效是学者们关注的焦点之一。

一个国家的宏观经济政策主要有四个目标：经济增长、物价稳定、充分就业和国际收支平衡。其中与物价相关的通货膨胀率和与就业相关的失业率之和被称为痛苦指数（Misery Index），该指数为一个国家的宏观经济绩效提供了一个衡量标准。此外，在分析宏观经济绩效时，收入不平等和失业情况也被视为衡量指标（陈福今、袁曙宏等，2005）。因此，本节主要比较中印两国在这些指标及相关指标上的表现。

一 中印两国改革前后的 GDP 和 GDP 增速比较

中国和印度因其强劲的经济改革而受到世界的关注和赞誉，不管是经济改革的作用还是其他因素，中印两国近年来的确获得了显著的经济增长，尽管也出现过几次缓慢增长。

由图 5.1 和图 5.2 可知，近五十年来，从国内生产总值及年均增长率来看，中国经济总规模和增长速度的确令人印象深刻，且极大地改变了中国的经济结构。

图 5.1 显示，中印两国的 GDP 规模在 1980 年之前基本相当，此后差距开始逐年扩大，中国的增速更快，两国经济规模都呈逐年递增趋势，但经济总规模低于美国。其中，中国的 GDP 规模与美国逐渐趋同，差距逐渐缩小，而印度的 GDP 规模远远低于美国，差距越拉越大。中印之间的经济规模差距也呈逐年扩大趋势。

由图 5.2 可知，中印两国的 GDP 增长率在 1968 年以后一直高于美国，且中印两国的 GDP 增长率逐渐趋同，2015 年，

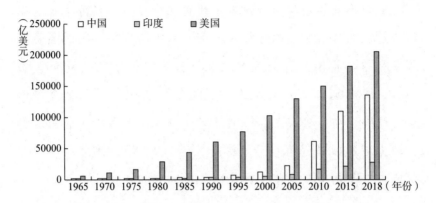

图5.1 中国、印度和美国的 GDP 比较（1965～2018 年）

资料来源：世界银行及经济合作与发展组织的国民经济核算数据，2019。

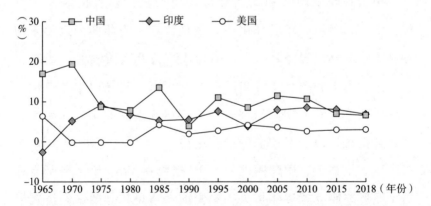

图5.2 中国、印度、美国的 GDP 增长率（1965～2018 年）

资料来源：世界银行及经济合作与发展组织的国民经济核算数据，2019。

印度的经济增长率甚至超过中国。此外，印度在 1975 年以后摆脱了"印度式增长"的魔咒，特别是在 1991 年自由化改革之后出现过几次高增长，但经济波动较大。有一些研究指出，印度的经济增长在其开始经济改革之前的近 10 年就加速了，也就是说印度经济增长的加速是在 1980 年左右，而不是在 1990 年左右。例如，Rodrik 和 Subramanian（2005）就注意到了这一点。Williamson 和 Zagha（2002）及 DeLong（2003）指出，1980 年左右是印度发生增长转型的时间。

概而言之，首先，中印两国经济在改革之后呈现持续快速增长势头，已经成为亚洲乃至全世界的经济增长"双引擎"；其次，无论是经济规模还是经济增速，中国的表现都优于印度。同时，两国的 GDP 增长率在 1985 年之后越来越趋同，说明从长远来看，印度的经济增长虽然仍存在一些障碍，但其发展潜力是有的，我国必须充分认识到这一点，并解决经济发展过程中的矛盾和结构性问题，在与印度的合作竞争中不断保持经济的可持续发展潜力。

二 中印两国改革前后的人均 GDP 和人均 GDP 增长率比较

从经济总量上看，中国 GDP 在 2010 年超过日本后一直位居世界第二，印度的 GDP 排名仅次于德国，位于世界第五，但两国的人均 GDP 成绩要落后些。

根据图 5.3 可知，中印两国的人均 GDP 都呈上升趋势，但由于两国人口的快速增长，人均 GDP 增长缓慢，远远低于美国的人均 GDP 水平。我国在 1980 年实行计划生育之后，出生人口在 1990 年出现下降趋势，此后人均 GDP 快速增长（任泽平、熊柴等,2019)。印度早在1952年就把计划生育确定为政府的重要政策,是世界上第一个将计划生育纳入发展计划的国家(黎菱,1986)。但由于印度社会根深蒂固的陋习以及缺乏科学文化知识的宣传等,印度计划生育的政策效果可以说微不足道。因此,印度人均GDP受人口快速增长的拖累,低于中国,且远远低于美国。

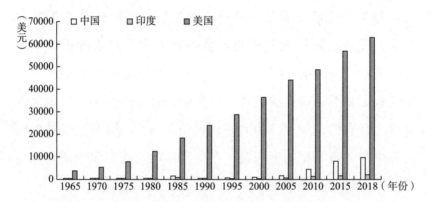

图5.3 中国、印度、美国的人均GDP(1965~2018年)

资料来源:根据世界银行及经济合作与发展组织的国民经济核算数据计算得出,2019。

根据图5.4可知,中国的人均GDP增长率在大多数年份是三个国家中最高的,美国在大多数年份则最低。改革前,中印两国的GDP增长率相差2.87个百分点,改革后,两国的GDP增长率相差3.14个百分点,差距扩大;改革前,印度的人均GDP是中国的1.88倍,改革后,中国的人均GDP反超印度且是印度的2.17倍,中印差距拉大。但仅看一个GDP指标不能说明全部真相,还需要考察其他指标。

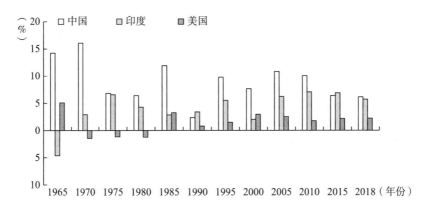

图 5.4　中国、印度、美国的人均 GDP 增长率（1965～2018 年）

资料来源：根据世界银行及经济合作与发展组织的国民经济核算数据计算得出，2019。

三　中印失业状况比较

美国著名经济学家阿瑟·奥肯（1962）根据美国的统计数据分析发现，产出变动与失业变动之间存在着显著的数量关系，即实际 GDP 相对潜在 GDP 每下降 2%，失业率就上升 1 个百分点。但就中国的失业情况而言，经济增长与失业率之间的关系明显偏离奥肯定律（邹薇、胡翾，2003）。对于印度，经济增长和失业的关系有积极的一面，印度学者 Tariq Ahmad Bhat 等（2019）和 Khem Chand 等（2017）通过实证分析得出结论：印度的经济增长与失业存在显著的负相关关系。但印度的就业情况也不容乐观，特别是在有组织部门的正规就业，增长比较缓慢。

失业是指符合法定工作条件、有工作意愿的人，愿意接受现行工资、正在寻找工作但还没有找到工作的经济现象，表现为均衡产出低于充分就业应有的产出。从失业的定义可以看出，失业给社会经济带来的最主要影响是降低社会总产出，此外，失业还会造成其他各种社会影响，比如失业人员的心理影响、收入影响，进而对社会稳定的影响。像印度和中国这样的由农业社会向工业社会过渡过程中出现的劳动力转移及失业问题，早在发展经济学产生之初就被作为重要的研究内容之一，代表人物是刘易斯。刘易斯提出了农业部门存在过剩劳动力，其特点是边际生产率为零甚至为负，当农村的剩余劳动力全部转移到工业部门就业时，农业的边际生产率由于劳动的减少而提高。虽然刘易斯没有提"失业"这个词，但农村剩余劳动力显然是一种隐性失业现象。本部分通过数据对中印两国的总体失业状况进行比较，见表5.1。

表 5.1 中国、印度的失业率比较（1986～2018 年）

单位：%

年份	印度失业率			中国失业率
	总失业率	农村	城市	城镇登记失业率
1986	5.58	5.09	7.49	2.00
1992	4.09	3.48	6.41	2.30
1998	4.70	4.28	6.43	3.10
2003	5.06	4.58	7.04	4.30
2006	—	—	—	4.10
2009	—	—	—	4.30
2014	—	—	—	4.10
2018	—	—	—	3.80

资料来源：印度的失业率数据来源于 Rana Hasan 等（2012）；中国的失业率数据来源于中国国家统计局。

由表 5.1 可以看到,印度经济改革后的第二年,失业率较低,改革后,失业率呈上升趋势。对这种趋势的一种解释是贸易自由化,Dutt 等(2009)通过建立一个贸易 - 失业模型,利用跨国贸易政策数据、失业数据和各种可控数据,研究了失业率与贸易间的关系,研究结果表明,失业率和贸易开放度是负相关的,这一结果支持了李嘉图的预测。利用面板数据,他们发现贸易自由化的短期影响是失业率上升,长期失业率则会下降到稳态。对印度而言,1991 年的自由化改革是贸易开放度的分界线,与印度的失业率变动较为吻合。

对我国而言,城镇登记失业率数据很容易获得,从表 5.1 中可以看出,我国城镇登记失业率自 1986 年以来逐年上升,2003 年以后基本稳定在 4% 左右。

四 中印劳动生产率比较

劳动生产率等于 GDP 除以平均就业人数,用以说明一国劳动资源的利用效率。中国和印度的劳动生产率均低于世界平均水平,与 2001 年世界平均水平(1879.06 美元/人)相比,中国的农业生产率(1125.84 美元/人)和印度的农业生产率(981.85 美元/人)都比较低(见表 5.2)。然而,2016 年,中国的农业劳动生产率提高了两倍多,这主要是因为过剩劳动力成功地从传统农业部门转移到了现代部门。相比之下,印度农业甚至没有能够使劳动生产率翻一番。

就工业部门而言,印度的劳动生产率增长也极其缓慢,从

2001 年的 3792.04 美元/人仅增加到 2016 年的 6167.17 美元/人。印度的工业劳动生产率之所以较低，是因为印度拥有数量惊人的微型企业和非常庞大的"非正规经济"，比中国的非正规经济规模要大得多。此外，印度还有一个非常庞大的生产中间商和批发零售贸易商链。这些漫长的生产和分配链可能维持就业和降低劳动力成本，但会降低生产率。而中国工业部门劳动生产率的增长快于印度，从 2001 年的 6013.89 美元/人增加到 2016 年的 20239.27 美元/人，增长了两倍多。这也印证了中国被称为"世界工厂"名副其实。

表 5.2　中国和印度的劳动生产率（2001～2016 年）

单位：美元/人

	部门	2001 年	2006 年	2011 年	2014 年	2015 年	2016 年
中国	农业	1125.84	1569.98	2327.43	3081.73	3300.63	3514.58
	工业	6013.89	9358.28	14884.62	17837.46	19055.79	20239.27
	服务业	5517.62	7580.49	10625.25	12000.62	12631.49	13300.17
	全部门	3351.2	5388.98	8783.71	10876.7	11617.8	12389.3
印度	农业	981.85	1041.67	1380.15	1511.74	1512.49	1595.33
	工业	3792.04	4517.34	5049.23	5386.01	5811.12	6167.17
	服务业	3959.04	5012.34	6462.05	7431.25	7847.01	8232.72
	全部门	2136.36	2761.9	3932.59	4568.84	4857.28	5114.69
世界	农业	1879.06	2224.06	2723.22	3107.63	3188.11	3269.19
	工业	24429.48	26109.83	27816.95	28431.84	28772.05	29366.41
	服务业	31321.87	31378.79	31394.91	31339.4	31517.58	31594.03
	全部门	19187.7	21073.9	22404.4	23372.1	23756.4	24082.1

资料来源：世界银行（2001～2016 年）。

就服务业而言，在绝对水平上，印度服务业的劳动生产率始终低于中国，但两国服务业的劳动生产率增长率几乎相当。整体来看，中国三次产业的劳动生产率都高于印度。中国劳动生产率的起点就高于印度，2001年约是印度的1.6倍，2016年约是印度的2.4倍，可见，中国劳动生产率的增长速度更快。

通过中印两国劳动生产率的比较，可以部分地解释中国靠出口拉动、印度靠国内消费需求拉动的原因。生产率的快速增长导致单位工资的快速增长，而利润率却没有降低。这种趋势，伴随着就业的增长，决定了工资总额的快速增长，从而决定了消费的快速增长，这与利润总额的增长一起，有利于投资的大幅增长。消费和投资的增长共同导致了内需的快速增长。几年后，生产力的提高还会提升外部竞争力并增加出口，以及增加对外商直接投资的吸引力。因此，内需拉动型增长可以逐渐转变为出口拉动型增长，这在中国已经发生，但在印度尚未完全实现。

五　中印通货膨胀情况比较

综观世界各国的经济发展历程，自物物交换退出历史舞台，纸币成为交易媒介之后，世界各国都经历过通货膨胀，通货膨胀成为经济运行中难以避免的经济现象，受到经济学家的极大关注。货币学派代表弗里德曼认为只要有交易、有货币存在，通货膨胀就会是经济运行中难以避免的问题。所谓通货膨胀是指一段时间内物价水平的持续快速上升。一般来说，5%

以下的通货膨胀对经济是有利的，人们不会恐慌，而且对经济具有一定的刺激作用；相反，如果通货膨胀率过高，就会对经济产生反作用，历史上的中国、德国都发生过恶性通货膨胀。

　　如图 5.5 所示，1987～2017 年，除 1994 年中国的通货膨胀率超过 20% 以外，其余年份中印两国的通货膨胀率都没有超过 20%。具体来看，印度经济近年来虽然取得了一定成绩，但面临的主要不利因素之一就是通货膨胀压力。虽然印度政府把通货膨胀率目标设定为 5%，但大多数年份，印度的通货膨胀率都没有实现这一目标。在通货膨胀压力下，印度民众的购买力降低，进而使印度社会进入低消费状态。由于消费是拉动经济增长的"三驾马车"之一，在其他条件不变的情况下，低水平的消费必然减缓经济增长，而经济增长的放缓又进一步减少居民收入，从而导致消费需求不足，使经济处于恶性循环状态。因此，对印度政府而言，在经济增长乏力的背景下，如何

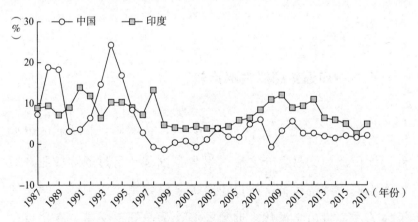

图 5.5　中国、印度的通货膨胀率（1987～2017 年）

资料来源：世界银行。

防止通货膨胀失控，又不会遏制经济增长，是其一个主要任务。对中国而言，总的来看，1987～1996年，中国的通货膨胀率呈现大起大落的变化态势，1996年以后，中国的通货膨胀率开始在低水平徘徊，有些年份甚至出现负值，而且一直处于印度的通货膨胀率之下。因此，从通货膨胀水平来看，中国经济增长受到通货膨胀负面影响的程度要小于印度。

六　中印收入不平等程度比较

20世纪40年代末，中国和印度存在大量的收入不平等现象，大量的人失业或未充分就业，医疗卫生设施和教育设施不足，社会流动非常有限。

20世纪80年代，中印两国进入经济高速增长通道，社会经济结构发生了很大的变化，两国收入分配不平等的问题也引起了国内外学者的重点关注。根据库兹涅茨的倒U形假说，发展中国家的贫困是一种过渡现象，当它们实现经济发展时，这种现象就会逆转。但许多实证研究证实，不平等现象特别是收入不平等现象随着发展中国家和发达国家的经济增长而加剧，这是一个矛盾的结果。

收入不平等是与收入分配相关联的一个概念，而收入分配一直是经济学的一个重要研究内容。帕累托（1895）是最早将统计方法引入收入分配研究中的学者，他从规模收入分配的角度出发，构建了含有收入分配变量的统计函数，利用统计方法对其进行分析，最后得出了著名的对数曲线。洛伦兹（1905）

在帕累托对数曲线的基础上提出了洛伦兹曲线，意大利经济学家基尼于 1912 年在对洛伦兹曲线进行分析的基础上提出了著名的基尼系数。所谓基尼系数是指全部居民收入中，用于进行不平均分配的那部分收入所占的比例。根据联合国开发计划署等组织的规定：基尼系数低于 0.2 表示指数等级极低（高度平均）；0.2~0.29 表示指数等级低（比较平均）；0.3~0.39 表示指数等级中（相对合理）；0.4~0.59 表示指数等级高（差距较大）；0.6 以上表示指数等级极高（差距悬殊）。

在过去的几十年里，中国和印度都经历了深刻的变革，保持了令人印象深刻的经济增长率。中印两国的贫困率大幅下降，尤其是在农村地区，但两国的收入不平等程度从表 5.3 中可见一斑。

表 5.3　中印收入不平等情况比较（1981~2015 年）

单位：%

年份	中国			印度		
	收入前 10% 人口的收入比重	收入后 50% 人口的收入比重	基尼系数	收入前 10% 人口的收入比重	收入后 50% 人口的收入比重	基尼系数
1981	27.68	26.39	36.02	30.71	23.48	40.05
1991	31.11	21.26	43.19	34.10	22.21	43.02
2001	36.32	17.48	49.64	40.95	20.17	48.39
2011	42.88	14.54	55.72	54.14	15.35	59.62
2015	41.00	15.00	54.70*	55.00	15.00	60.28*

注：* 代表用 2014 年数据代替。

资料来源：World Inequality Database, https://wid.world。

中印两国不同的经济发展路径导致了不同的经济和社会后

果，反过来，两国收入不平等差异在一定意义上反映的是两国经济发展模式上的差异。如表 5.3 所示，首先，在考察期内，中印两国的基尼系数存在差异，中国的基尼系数在整体上低于印度，说明在考察期内，中国收入不平等程度低于印度。其次，在考察期内，中印两国的基尼系数都有上升趋势。中国的基尼系数从 1981 年的 36.02% 上升到 2015 年的 54.70%，上升了 18.68 个百分点；印度的基尼系数从 1981 年的 40.05% 上升到 2015 年的 60.28%，上升了 20.23 个百分点。两国基尼系数的上升幅度都很大，说明两国的收入不平等程度都有上升的趋势。就印度而言，印度收入不平等程度的上升与该国农村土地制度改革不彻底、城市服务业迅猛发展相关；对中国而言，中国收入不平等程度的上升与城市偏向和沿海偏向发展战略以及户籍管理制度不无关系。尽管如此，两国都已经比历史上任何一个时期因经济的发展而更多地减少了贫困。

第二节　中印经济增长驱动因素比较
——产业结构变动视角

在新中国成立和印度独立后的最初几年，两国都不得不将主要精力用于经济恢复。新中国成立后的十年里，或多或少地经历了几次对外战争，而印度则受到了印巴分界线的严重冲击，所以两国的经济发展得并不顺利。中国的第一个五年计划

于 1953 年启动，印度的第一个五年计划于 1951 年启动。当
时，两国的人均收入水平大致相同，中国的农业生产率高于印
度，但印度的工业发展先于中国。

中印两国经济发展的转折点出现在 20 世纪末。中国和印
度分别于 20 世纪 80 年代和 90 年代实施改革，此后两国都取
得了令世界瞩目的经济增长成就。中国 1980～2018 年的 GDP
年均增长率为 9.51%，印度 1992～2018 年的 GDP 年均增长率
为 6.56%。虽然几十年来，中印两个"亚洲巨人"都经历了
快速的经济增长，但它们的经济增长故事大不相同。对中印两
个人口大国实现快速经济增长的驱动因素进行分析具有特殊的
意义，不仅因为这种分析有助于找出已经发生的经济增长中哪
些因素是重要的，哪些因素是次要的，而且有助于评估未来一
段时间的经济增长可能性并制定未来的发展战略和政策。

一 中国制造业和印度制造业比较

制造业是对原材料（包括采掘业的产品及农产品）进行加
工或再加工，以及对零部件进行装配的工业部门的总称。主要
包括消费品制造业、资本品制造业、轻工业和重型制造业、民
品制造业和军品制造业（朱高峰，2003）。制造业是经济中传
统的关键部门，因为制造业的发展对经济增长具有重要作用，
因此被称为经济增长的"发动机"，制造业的这一作用主要归
因于制造业能够形成规模经济、具有"干中学"的经济属性、
与创新和技术进步相关联以及与其他产业具有强大的前后向联

系（张建华，2014）。虽然近年来，制造业相对服务业的重要性有所下降，但2008年的金融危机使世界各国对制造业的稳定功能开始重新审视，印度总理莫迪上台后很快提出了"印度制造"的概念。发达国家之首的美国，2009年力推"再工业化"，日本重塑"工业价值链"，德国全力打造"工业4.0"，足以证明制造业对经济增长的重要性。

（一）中印制造业增加值规模比较

一国经济的立身之本在于实体经济，而制造业又是实体经济的重要基础。一般来说，在世界范围内，制造业的发展趋势会由发达国家向发展中国家转移和扩散，因此，随着发展中国家经济的增长、技术的进步、基础设施的完善、对外开放度的提高，世界制造业中心会发生转移。正如我们看到的，曾经的制造业大国——美国的制造业增加值占世界制造业增加值的比重呈下降趋势，1980年、1990年、2000年和2011年，这一比重分别为24.2%、23.6%、25.6%和17.8%（张建华，2014）。中国制造业规模于2010年超过了美国，成为世界第一。2005～2019年，中国和印度的制造业增加值都是稳步上升的，但印度制造业增加值的变化大幅落后于中国（见表5.4）。

表5.4　中国、印度和美国制造业增加值规模变化
（2005～2019年）

单位：1000亿美元

国家	2005年	2010年	2015年	2019年
中国	7.33	19.24	32.00	38.96

国家	2005 年	2010 年	2015 年	2019 年
印度	1.31	2.85	3.28	3.94
美国	16.94	17.88	21.16	—

资料来源：世界银行。

中国制造业增加值规模的上升速度之所以远远快于印度，是因为中国具备发展制造业的明显优势，如丰富而低价的劳动力资源、非饱和的国内大市场、优良的投资环境和强大的加工制造能力。印度不是没有发展制造业的优势，相反，印度的法律制度来源于发达国家，对产权保护更为有利，印度企业更熟悉现代企业管理制度，印度的人力资源具有语言优势，印度有发展制造业的潜力，但还需要在基础设施建设方面下功夫。

（二）中印制造业增加值占 GDP 比重比较

世界主要发达国家之所以成长为世界强国，没有一个不是依靠制造业的强大。制造业的发展拉动经济增长，随后才有服务业比重持续上升的趋势，而制造业占 GDP 的比重则趋向稳定。20 世纪 80 年代以来，"去工业化"现象流行于一些发达国家，导致这些国家制造业部门的 GDP 和就业比重出现下降，而且这一趋势也在发展中国家有所体现。2005～2019 年，中国制造业增加值占 GDP 比重已经出现稳步下降趋势，印度制造业增加值占 GDP 比重则有升有降，但中国制造业增加值占 GDP 比重一直高于印度，这在一定程度上说明印度有过早"去工业化"的现象（见表 5.5）。

表 5.5　中国和印度制造业增加值占 GDP 比重（2005～2019 年）

单位：%

年份	中国	印度
2005	32.09	15.97
2010	31.61	17.03
2015	28.95	15.58
2019	27.17	13.65

资料来源：快易数据。

鉴于印度制造业规模较小，2014 年 9 月，印度总理莫迪提出了"印度制造"计划，"印度制造"计划的两大目标在于：将制造业在 GDP 中的比重由现在的 15% 提高到 25%；为每年进入劳动力市场的 1200 万名年轻人创造就业机会。此外，"印度制造"计划也旨在便利投资、促进创新、加强技术开发，并建设高水准的基础设施。

无论是从中印地缘政治角度还是从现实经济意义角度来看，"印度制造"计划与中国"一带一路"倡议都有着较高的互补性。中印两大市场的有效对接，无论是对于中国和印度的经济发展和减贫，还是对于世界经济发展，都具有积极的贡献。

二　中国侧重制造业而印度侧重信息通信业

自新中国成立以来，特别是自 1978 年改革开放之后，中国经济得到快速发展，经济增长率世界领先，2010 年成为世界第二大经济体。国内外学者一致认为中国是制造业大国，经济的高速增长离不开制造业的迅速发展，因此，中国被称为"世界工厂"。这些成绩得益于新中国成立后的30年里长期坚持优先发展重工业的发展战略，既打好了工业基础，又使得我国的消费品出现了极度短缺的局面，再加上我国巨大的人口规模，为此后我国轻工业的发展提供了市场。中国借着超大规模的国内市场、廉价的劳动力、牢固的产业基础和强大的生产能力等优势承接了发达国家转移出来的加工、组装、制造等产业，进入了国际产业分工的大循环之中。

在印度选择经济发展道路时，尼赫鲁向苏联和中国学习，实行社会主义计划经济，以公营经济为主导，发展重工业，具体措施包括大力增加公共投资，制订了工业发展的五年计划，这种经济发展模式被称为"尼赫鲁模式"。但印度土地改革的失败，造成了农业部门发展迟缓与国内粮食需求激增的巨大矛盾。大规模的进口粮食占用了印度的财政预算，使得印度不得不削减对工业部门的投入，印度的工业生产增长率迅速下滑，从1956年的8.3%下降到1958年的1.7%（培伦，1990）。而印度政府所推行的以发展公营工业为主的马哈拉诺比斯模式给印度的私营经济戴上了沉重的枷锁，再加上严格的许可证制度，极大地阻碍了印度钢铁、电力和石油化工行业的发展。印度在20世纪80年代更重视信息通信业。

与中国相比，印度最先通过进口设备迈入的现代化部门，是高科技的信息产业部门，由此走上了以信息产业为主导产业的发展道路；而中国通过进口国外设备并将其集中用在制造业部门，尤其以钢铁、电器为主，由此走上了以制造业为主导产业的发展道路。印度的制造业在20世纪80年代中期逐渐没落，而中国的信息产业则直到 90 年代末才艰难起步（董磊，2013）。

三　领先的"印度服务"和后起的"中国服务"

服务业不同于制造业，但服务业会参与到制造业生产链中的许多环节，使生产出来的有形产品顺利地送到消费者手中。然而，在众多的服务活动中，只有一小部分隶属于服务企业的服务活动被计入统计数据。随着社会需求的兴起和不断变迁，学者们和一些组织针对自身不同的研究方向和研究动机，给服务业下了诸多不同的定义。其中，经济合作组织给"服务业"下了如下定义：服务业是经济活动中一个门类分布广泛的群体行业，它包括高技术、知识密集型分支门类和劳动密集、低技能行业领域。简单来说，服务业与产品制作、采掘或农业没有直接联系，而是专以劳务、咨询、管理技能、休闲娱乐、培训和中介等形式进行的经济增值活动。

印度在 21 世纪的增长模式令世界瞩目，因为它没有遵循自工业革命开始以来近 200 年的一直适用的看似绝对可靠的发展规律（Chenery，1960；Kaldor，1966），这一发展规律是关于发展中国家如何发展经济的传统经济学智慧的结晶，即工业化是发展中国家实现快速增长的唯一路径。该规律认为，爆炸性增长的潜力仅限于制造业（Ejaz Ghani and Homi Kharas，2010）。但随着经济全球化的到来，世界各国的经济增长路径存在差异，并不是所有国家的经济增长都遵循传统路径。

新中国成立和印度独立初期，经济起点几乎相同，但印度服务业发展得更快，这是由印度所处的国内和国际环境决定的。

20世纪80年代，印度由拉吉夫·甘地总理执政，他看到了信息产业对经济发展和强国富民的积极作用，调整了印度的经济发展战略，大力推进计算机教育，因此，拉吉夫·甘地被称为"计算机总理"，印度被誉为"软件王国"。时任总理瓦杰帕伊对信息产业也格外垂青，提出："要集中所有资源，努力使印度成为信息技术大国。"（董磊，2013）印度独立后对高等教育的重视为印度提供了一批精英人才，帮助印度寻觅到了极具竞争力的部门（董磊，2013）。1991年拉奥总理执政后，开始了经济改革之路。之后印度的服务业得到超常发展，特别是信息产业中的服务外包增长速度迅猛，使印度逐渐成为一个世界性的软件业大国，因此被誉为"世界办公室"。

相比之下，中国的服务业从新中国成立以来走过了崎岖不平的发展道路。新中国成立初期，优先发展重工业的倾斜式发展战略以及对服务业的认识误区，压制了服务业的发展，使得服务业的发展基本处于停滞状态。改革开放以后，由于发展战略的优化调整，中国服务业的发展潜力得到了释放，三次产业增加值结构由1980年的30∶48∶22变为2010年的10∶47∶43，相应的就业结构由69∶18∶13变为37∶29∶34（黄南，2011）。总之，由于服务业在国民经济中具有"黏合剂"的作用，该产业的发展滞后会影响其他相关产业的发展，影响产业结构调整的整体进程，也阻碍了劳动力向服务部门的转移。因此，加快我国服务业发展，不仅是我国产业结构优化的重要一环，也是提高我国产业结构综合竞争力的关键所在。

第六章　中印产业结构变动对经济增长的影响研究

一国经济发展的动态过程主要是由产业结构变动反映出来的，本章旨在对中观结构与宏观绩效之间的联系进行实证检验。一国或一地区的产业结构是在一定的技术条件下，通过社会分工和专业化而形成的。而不同的产业结构会产生不同的经济增长方式和路径，比如农业社会采取的是劳动密集型增长方式，工业社会要用更多的资本密集型和技术密集型增长取代劳动密集型增长。库兹涅茨（1949）在论述国民收入的度量问题时曾提出，从产业结构的角度去衡量一个国家的国民收入是必要的。他在1957年对50个国家的经验数据进行比较研究后指出，制造业部门份额的增加将与人均国民收入的增长相伴随。因此，有必要从产业结构的角度去研究和分析经济增长（刘伟、李绍荣，2002）。

在发展经济学中，关于经济增长的文献最早也是最核心的见解之一是，增长需要结构变革（刘伟、范欣，2019），即生产要素从低效率部门向高效率部门转移的结构变化过程，反映了经济中各部门的相对重要性，一般以产值和要素使用量来衡量。那些成功摆脱贫困和变得更富有的国家，是那些能够从农产品和其他传统产品的生产转向多样化生产的国家。这一思想得到罗伯特·索洛的支持，而且从未被否认过，他认为"总产出构成的长期变化是肉眼可见的"（Richard Arena，Pier Luigi Porta et al.，2012）。结构变革的狭义定义是资源（投入和产出）从农业向制造业转移，进一步从制造业向服务业转移，这是发展的过程，意味着结构变革是经济增长的一个潜在来源。因此，结构变革引起经济增长的机制是，随着劳动力和其他资源从农业和传统商品生产部门转移到制造业和其他现代经济部门，经济资源得到更充分的利用，因此促进全要素生产率提高，进而增加收入。这种结构转型的速度是区分成功国家和不成功国家的关键因素。

第一节　产业结构变动影响经济增长的机制

观察发达国家如英国、美国、日本的经济发展过程，我们可以看到一个国家的经济增长，不仅表现为经济总量的增加，同时还伴随着产业结构的变动。现代经济增长本质上是以产业结构变动为核心的经济增长，而产业结构变动实际上是产业部门之间优势地位的交替更迭过程，也就是罗斯托所说的主导部门的变更过程，在这种优势产业部门上升为主导产业部门的结构转换中，效率和收益的增加大于效率和收益的减少，净效益大于零，意味着实现了经济增长。这一机理分析的重要立论是，在更具专业化和一体化倾向的现代经济增长中，产业部门之间的联系日益紧密，依赖程度不断提升，结构效益上升到重要地位，成为现代经济增长的一个基本支撑点。这种来自结构聚合的巨大经济效益，是推动经济增长的重要因素。

配第－克拉克定理、库兹涅茨事实、钱纳里的标准产业模型以及霍夫曼定理都是根据 18 世纪以来的工业化历史和统计资料获得的经验性结论，为后续的理论研究做出了巨大的贡献。刘易斯的二元经济理论、罗斯托的主导部门理论、罗森斯坦－罗丹的平衡增长理论以及赫希曼的不平衡增长理论则从理论视角阐述了产业结构变动对经济增长的影响。这些经典理论尽管在逻辑上可以成立，但仍然未深入分析产业结构变动对经济增长的作用机制。

一　结构红利假说

2000 年，格罗宁根大学经济学院格罗宁根增长与发展中心的马塞尔·P. 蒂默（Marcel P. Timmer）和埃因霍温理工大学的亚当·斯齐尔迈（Adam Szirmai）合作的一篇论文《亚洲制造业生产率增长：结构红利假说检验》提到了结构红利，作者用它来解释"亚洲四小龙"的结构调整对生产率增长的影响，进而解释了"亚洲四小龙"的经济奇迹。2003 年奥地利经济

145

研究所的迈克尔·佩内德（Michael Peneder）在《产业结构和宏观增长》一文中又提出了"结构红利"和"结构负担"两个相对应的概念。我国最早提到结构红利的学者是李小平和卢现祥，两位学者在2007年合作的论文中研究了制造业中的结构红利现象。此后，"结构红利"这一术语开始被广泛使用。

现代经济增长和追赶的过程不仅表现为生产力水平的显著提高，而且还体现在各部门投入和产出分配的变化上。库兹涅茨（1979）认为，"没有不同产业部门份额的充分转换，获得人均产出的高增长率是不可能的"。而结构红利正是关于结构变动如何影响经济增长的重要理论假说，其基本思想最早可以追溯到刘易斯（1954）的二元经济理论，在农村剩余劳动力不断地转移到生产率较高的现代部门的过程中，总和劳动生产率获得提高，实现了二元经济向一元经济的转化。在此之后，费景汉、拉尼斯（1961）提出了费景汉–拉尼斯模型，该模型与刘易斯模型的主要区别在于不仅重视工业的发展，也重视农业的发展，这是刘易斯模型所忽略的。此后钱纳里等（1986）、赛尔昆（1988）研究了工业化的实现过程，并指出经济增长的关键表现是结构变化和要素重置；卢卡斯（1993）从供给角度和需求角度构建的工业发展模型，分析了结构变化对总和生产率进而对经济增长的影响（李小平、卢现祥，2007）。

Timmer 和 Szirmai（2000）使用偏离–份额分析方法，将总和劳动生产率分为三个效应：静态偏离效应、动态偏离效应和部门内生产率增长效应。这三个效应可以通过下面的公式来进行说明。

设总和劳动生产率为：

$$LP_T = Y_T / L_T \tag{6.1}$$

则有总和劳动生产率增长率如下：

$$G(LP_T) = \frac{LP_{T,fy} - LP_{T,by}}{LP_{T,by}}, \quad fy \text{ 为最后一年, 即报告期,} by \text{ 为}$$

基年或基期。

进一步，根据 $LP_T = \sum_{i=1}^{n} LP_{i,T} S_{i,T}$，$S_{i,T}$ 为产业 i 在总就业中的份额，把总和劳动生产率增长率公式中的分子进行改写，得到：

$$\frac{\sum_{i=1}^{n} LP_{i,by}(S_{i,fy} - S_{i,by}) + \sum_{i=1}^{n}(LP_{i,fy} - LP_{i,by})(S_{i,fy} - S_{i,by})}{LP_{T,by}} \tag{6.2}$$

$$+ \frac{\sum_{i=1}^{n}(LP_{i,fy} - LP_{i,by})S_{i,by}}{LP_{T,by}}$$

公示（6.2）中分子前两项合起来是结构效应，结构效应包括公式 $\sum_{i=1}^{n} LP_{i,by}(S_{i,fy} - S_{i,by})$ 和公式 $\sum_{i=1}^{n}(LP_{i,fy} - LP_{i,by})(S_{i,fy} - S_{i,by})$。

其中第一项是静态偏离效应（static shift effect），衡量的是基期各部门劳动生产率不变的条件下，劳动力向劳动生产率水平较高的部门转移所导致的总和劳动生产率的增长。例如，如果某部门是劳动生产率高的部门，则会吸引低劳动生产率部门的劳动力转移过来，从而增加该部门的劳动份额，则有 $\sum_{i=1}^{n} LP_{i,by}(S_{i,fy} - S_{i,by}) > 0$，意味着劳动力从低生产率部门流向高生产率部门，从而使总和劳动生产率提高，这种情况被称为结构红利。但同时低生产率部门的劳动份额则在下降，那么就有 $\sum_{i=1}^{n} LP_{i,by}(S_{i,fy} - S_{i,by}) < 0$。

第二项是动态偏离效应（dynamic shift effect），反映了基期到报告期，部门间劳动力转移和部门内部劳动生产率变化对总和劳动生产率的影响，反映的是要素流动和劳动生产率提高的交互作用。如果具有较高劳动生产率的部门，其就业份额也增加了，则会对总和劳动生产率产生较大的正向影响。如果劳动生产率快速增长的行业，其劳动份额却在下降，说明对总和劳动生产率的影响是负面的。这种交互作用可以用来说明鲍莫尔关于劳动力再分配对总增长带来的"成本病"的理论假设，该假设预测就业份额从进步部门转移到劳动生产率增长较慢甚至停滞的部门，用公式表示，即：

$$\sum_{i=1}^{n}(LP_{i,fy}-LP_{i,by})(S_{i,fy}-S_{i,by}) < 0$$

第三项 $\sum_{i=1}^{n}(LP_{i,fy}-LP_{i,by})S_{i,by}$ 为部门内生产率增长效应（intra-branch productivity growth effect），该项用来衡量不存在结构效应时，在最终劳动份额下，各行业自身的劳动生产率增长对总和劳动生产率增长率的影响（Michael Peneder，2003）。

综上分析，所谓结构红利是指由于各部门或各产业具有不同的生产率水平和生产率增长率，要素从低生产率部门或低生产率增长率部门向高生产率部门或高生产率增长率部门的转移将促进总和生产率的增长，从而实现经济的快速增长（王蒙、刘刚，2017）。

二 结构主义的资源逐效率配置论

传统经济增长理论假定市场能够实现竞争均衡，即无论是消费者还是生产者都按照自身利益最大化原则行动，从而实现产品和要素的均衡分配，各个产业在竞争性市场的作用下，总是处于均衡发展状态。在他们的分析中，不存在产业结构差异化因素，即在分析经济增长源泉时，不考虑产业结构因素，没有将产业结构变化作为提高总产出水平的手段。但正如帕西内蒂（Pasinetti）所指出的，传统增长理论分析与现实发展情况是相背离的，产业之间存在的不同的生产率增长速度与社会需求扩张程度通常是不同的，如果各产业能有效地利用技术，使得要素能够从低生产率部门流向高生产率部门，那么产业结构的变动就能适应需求结构的变化从而加速经济增长（李博、胡进，2008）。

产业结构问题从根本上看是一个资源配置问题，即要素禀赋资源在各产业间的配置。经济学研究的中心问题是如何实现资源的有效配置。一方面，在完全竞争的市场条件下，通过"看不见的手"能使资源配置达到帕累托最优，意味着实现了消费的帕累托最优、生产的帕累托最优以及生产和消费的帕累托最优。在帕累托最优状态下，资源得到了充分利用。另一方面，帕累托最优也隐含着生产要素从低生产率部门流向高生产率部门，在技术水平不变的条件下，生产率差异导致的要素流动提高了宏观层面的总和劳动生产率，进而促进经济增长，这种增长单靠要素的数量投入是难以实现的。

假设一个经济体有 n 个产业部门，每个部门的生产率不同，不存在技术进步，投入要素只有劳动 L 和资本 K，则生产函数可以写作：

$$Y_i = F(\mu_i K_i, v_i L_i) \tag{6.3}$$

$i = 1, 2, 3, \cdots, n$，Y_i 为部门 i 的产出，μ_i 为部门 i 中资本的生产技术系数，v_i 为部门 i 中劳动的生产技术系数，K_i 为部门 i 的资本投入量，L_i 为部门 i 的劳动投入量。

总产出公式为：

$$Y = \sum_{i=1}^{n} Y_i = \sum_{i=1}^{n} F(\mu_i K_i, v_i L_i) \tag{6.4}$$

直观上看，不考虑该公式的经济学意义，资本和劳动要素投入越多，总产出越多。但实际上，考虑其背后的经济学含义，一方面，要素禀赋不可能均衡增长，总会有要素短缺的情况出现，随着生产规模的扩大，一种要素即使再充裕，另一种要素一旦出现短缺，那么生产能力就会出现木桶效应，因此，生产规模的扩大就会受阻，经济增长就会被短缺要素锁定；另一方面，即使要素不会出现短缺现象，也会存在规模报酬递减现象，即当两种生产要素都增加时，生产规模过大导致协调难度加大，进而引起生产效率降低。综上，在技术不变的条件下，仅靠要素数量投入的增加是无法持续获得经济增长的。

上述分析实际上也隐含一个假定，即要素不能完全自由流动。若放松这个假定，要素可以流动，要么是市场引导，要么是政府引导，而且流动的方向是从低生产率部门流向高生产率部门。假定各产业部门的生产率分别为 E_i，生产率由低到高依次排列，即 $E_1 < E_2 < E_3 < \cdots < E_n$，对应部门在要素投入量相同的情况下，有 $Y_1 < Y_2 < Y_3 < \cdots < Y_n$。在这样的背景下，如果生产要素从低生产率部门流向高生产率部门，会有 $Y_2 + \delta Y_2 > Y_2$

$+\delta Y_1$，δ 为要素转移比例。这个不等式代表要素转移带来的产量变化趋势，这种转移直到部门间的生产率相同为止。待技术创新后，再一次出现生产率差异，新一轮要素流动开始，循环往复，经济可持续增长将会得到保障。

三 新兴古典经济学的"分工组织演进论"

新兴古典经济学是以杨小凯为代表的经济学家在对新古典经济学进行扬弃的基础上，采用超边际分析方法构建的一个理论框架。在这个分析框架之中，新兴古典经济学以古典经济学中关于分工和专业化的思想为基础，将分工演进作为经济增长的一条主线，指出专业化带来生产率的提升，使人们更倾向于选择较高的专业化水平，而较高的专业化水平反过来加速了经验积累和技能的改进，使生产率进一步提高，分工演进加速进行，出现了良性循环（何爱平、宋宇，2011）。

早在 18 世纪 70 年代，亚当·斯密就指出分工对经济发展具有极大的促进作用，在解释产业结构变动方面，分工具有得天独厚的优势，因为任何一个国家的经济发展都是一个分工演化的过程，产业结构的变动就是产业分工演进的自然结果。而自以马歇尔为代表的新古典经济学确立以来，主流经济学渐渐忽略了专业化与分工对经济增长影响的分析。到了 20 世纪 80 年代，以罗森、贝克尔、杨小凯、博兰德和黄有光为代表的一批经济学家，开始重新关注分工和专业化思想，并用非线性规划原理构建了一个相关的均衡与决策模型，这一创新性方法的使用使分工理论出现了新的发展。

新兴古典经济学的代表学者杨小凯，首次用超边际分析挑战新古典微观经济学的边际分析方法，将古典经济学中关于分工和专业化的经典思想变成决策和均衡模型，建立了新兴古典经济学。分工演进模式对经济增长的影响机制是：分工作为人类社会组织运动的一个重要环节，在经济发展过程中，由简单分工逐渐过渡到复杂分工。在这个过程中，不仅部门结构存量会发生分化，部门结构还会出现增量变动（张卿、戴燕艳，2012）。

有学者将新兴古典经济学用于城市化分析。首先，在社会分工持续深化的过程中，城市化进程随之加快，与城市化相配套的服务业随之涌现并逐步壮大。城市化的深化与服务业的壮大互为基础，互相促进，城市化为服务业发展提供外部环境，服务业的良性发展促进城市产业的集群化演进，扩大了专业化分工网络。其次，城市化的良性演进还像一只无形之手，影响着产业结构的变化，表现为现代服务业不断向产业价值链"微笑曲线"的两端演化。最后，随着城市化速度的加快，专业化分工进一步深化，以应对更加复杂的社会生产网络，这需要延长产业迂回生产链条，提升经济结构的多样化程度、市场一体化程度，扩大市场容量。同时，现代服务业的发展具有降低其他产业生产成本、延长产业链和价值链以及优化资源配置的功能，形成更加合理的产业分工与产业结构，产生分工收益和结构红利，这其实是一种分工动态的报酬递增，有利于经济长期增长（傅利平、李军辉，2013）。

四　改造传统产业、催生新兴产业的创新论

创新理论最早由熊彼特提出。1912 年熊彼特以德文出版了其早期代表作《经济发展理论》，开创性地提出了经济创新理论，指出创新是经济发展的根本动力。他所说的创新包括 5种情况：①引进新产品或挖掘产品的新特性；②采用新技术，即新的生产方法；③开辟新市场；④控制原材料或半成品的新的供给来源；⑤实现企业的新组织。上述 5 种情况可以概括为生产的投入创新、生产过程的技术和组织创新以及产出的创新，意味着在要素禀赋不变的条件下，一种新的生产函数被引入，与之相伴随的是产业结构的变动，在这一变动过程中，产业结构作为资源利用转换器的效能和效益不断提高，从而大大提高了潜在的产出水平。因此，创新及与之相伴随的产业结构变动成为经济增长最直接的推动力。而且这种创新在熊彼特看来具有内生性，从而突破了新古典增长理论关于技术外生性的假设。严成樑、龚六堂（2009）以熊彼特的创新理论为基础，提出了"熊彼特增长理论"，该理论具有两个特征：①研发和创新内生，二者是经济增长的决定性因素；②企业进行研发和创新的动力是获取垄断利润。因此，综上所述，关于产业结构影响经济增长的机制可以这样描述：企业追求垄断利润→进行研发→创新→新的生产函数→具有更高生产能力的产业结构→经济增长。也就是说，企业家进行研发和创新的内在动力是追求垄断利润，在这一过程中不断积累技术、

资本等要素，使一国的创新能力不断提升。因此，决定总产出的宏观生产函数中的要素比例关系不断得到优化，创新最快的企业，劳动生产率最高，其社会必要劳动时间就会低于社会平均必要劳动时间，其获得的利润自然会更多，从而引起要素的流动，最终促使产业结构发生变化，促进经济增长（周叔莲、王伟光，2001）。注意，这个过程不是单向的，经济增长反过来又会推动企业创新，从而开始下一轮的创新过程，周而复始，循环往复。

在上述过程中，创新的作用居于核心地位，创新的过程也是一个创造性毁灭的过程，有"新"企业的产生，必然有"旧"企业的消亡。因此，熊彼特的创新理论也可以概括为改造传统产业、催生新兴产业的过程。

1. 改造传统产业

库兹涅茨认为，经济结构并不是一旦形成就永久不变，而是在现代经济的发展过程中不断升级改造，这种过程主要受两个因素的影响：一个是消费者需求变动，另一个是技术水平的变动。就需求方面而言，对于需求收入弹性和需求价格弹性都小于1的产品，创新对其最直接的影响是供给增加，产品价格降低，导致该产业出现"丰收悖论"现象，该产业的某些生产要素就会流入其他产业部门。如果该产业属于非生活必需品行业，结果只能日渐萎缩。而对于生活必需品行业，要素的流出反而提高了全要素生产率，使得该产业不至于消失。对于产品需求收入弹性和需求价格弹性较大的行业，情况则刚好相反，供给的增加降低了产品价格，但产业获得了更高的收益，当该产业取得了高于社会平均收益率的收益时，利润率平均化原理就开始发生作用，使社会生产要素纷纷流入该行业，从而刺激行业的扩张（朱翔，2010）。从技术水平变动角度看，技术进步最直接的效应是使不同的产业部门间出现差异化的生产率水平，这种差异化会通过"乘数效应""马太效应"日益扩大，生产率差异又引致要素在产业之间流动，产业结构随之改变，给经济增长带来结构红利。

2. 催生新兴产业

所谓新兴产业是指高科技产业或以研究开发高新技术为主、能够推动国家经济高速发展的新生产业。其特点是：知识密集、资金密集，能够产生巨大的经济效益和社会效益（刘明勇，2008）。

新兴产业对宏观经济的发展影响深远。新兴产业的兴起主要在于创新，创新有助于新材料、新技术、新工艺、新能源不断问世，进而推动新兴产业部门不断涌现。历史上的三次工业革命，每一次都催生了深刻的产业变革及社会变革，每一次都使产业结构呈现了新变化，进而塑造了经济增长新格局。但并不是说有了创新，有了新兴技术，就一定能形成新兴产业，科学技术和产品之间还存在一条巨大的鸿沟，特别是随着产品复杂程度的提高和分工的深化，这种跨越存在着巨大的风险，成功越过则收益巨大，否则将"粉身碎骨"。产业结构就是在这样的创造性破坏中形成的。可见，技术创新对于产业结构的变动及经济增长具有不可替代的作用。

第二节　中印产业结构变动对经济
增长影响的实证分析

一国的经济增长与该国的产业结构变动息息相关，产业结构的合理化和高级化决定着该国经济增长的速度和质量及可持续性。通过第四章的分析，可以直观地看出中国产业结构的合理化程度相对于印度更显著，而且变动过程中的要素转移效应更明显，但具体有多大的效应还需要使用另一种分析方法：扩展的偏离－份额法。

一　结构效应——扩展的偏离－份额法

1. 扩展的偏离－份额法

在经济增长理论中，研究宏观经济增长及增长源泉最常用的方法是构建一个宏观生产函数。假设存在一个宏观生产函数，记作 PF，我们可以用收入法、支出法和增值法计算总产出，鉴于本部分要考察产业结构变动对经济增长的贡献，我们使用增值法来计算，即通过加总各部门的增加值来获得总产出：

$$V_t^{PF} = \sum_i V_{it} \tag{6.5}$$

产业结构变动到底会带来结构红利还是会产生鲍莫尔成本

病，需要考虑劳动生产率。假设 L 为经济体的总就业量，则有：

$$L_t = \sum_i L_{it} \tag{6.6}$$

通过公式（6.5）和公式（6.6）可以计算出劳动生产率：

$$v_t^{PF} = \frac{V_t^{PF}}{L_t} \tag{6.7}$$

根据 Timmer 和 Szirmai（2000）关于劳动生产率变动量的分解方法，得到如下公式：

$$\Delta v_t^{PF} = \sum_i \Delta v_{i,t} \cdot \mu_{i,t-1} + \sum_i \Delta \mu_{i,t} \cdot v_{i,t-1} + \sum_i \Delta \mu_{i,t} \cdot \Delta v_{i,t} \tag{6.8}$$

其中，$\mu_{i,t}$ 代表 i 产业在总就业中的份额，$\Delta \mu_{i,t} = \mu_{i,t} - \mu_{i,t-1}$。

公式（6.8）中右侧第一项是部门内生产率增长效应，代表某个部门或产业内生产率变化效应，等于部门生产率变化的加权和，权重为部门内在上一期的就业比重；右侧第二项衡量的是劳动力在部门间的重新配置效应，劳动生产率是权重，其值为正的时候，说明劳动力流向了生产率更高的部门；第三项是就业变化和生产率变化同时发生的交互效应，被称为动态再分配效应（Timmer and Szirmai，2000），其值大于零时，意味着工人流向了生产率正在上升的部门。

接下来将要素投入和生产率增长对经济增长的影响分解，这里用到宏观生产函数，采用柯布－道格拉斯函数形式：

$$PF = F(K,L,A) = AK^{S_K}L^{S_L} \tag{6.9}$$

在劳动生产率分离出来的情况下，对总产出增值进行增值核算分解，可以分解为总资本投入（K）、总劳动投入（L）和全要素生产率（A）增长的贡献，即将宏观生产函数进行对数微分，结果如下：

$$\Delta \ln V_t^{PF} = \bar{S}_{K,t} \Delta \ln K_t + \bar{S}_{L,t} \Delta \ln L_t + \Delta \ln A_t^{PF} \qquad (6.10)$$

公式（6.9）中，S_K 和 S_L 分别为资本报酬和劳动报酬在总产出中的份额。公式（6.10）中，$\bar{S}_{K,t}$ 和 $\bar{S}_{L,t}$ 分别代表资本和劳动在当前期和前一期的平均值。

公式（6.10）是建立在一个严格的假设基础上的，即经济中存在一个总量生产函数，这个总量生产函数要求各个产业也存在相同的产业增值生产函数，这样才能用一个总生产函数计算总产出。Jorgenson 等（2007）则将上述严格假设进行放松，即每个产业可以有自己的生产函数。这样就可以把公式（6.10）改写成：

$$\Delta \ln V_t = \sum \bar{S}_{i,t} \Delta \ln V_{i,t} = \bar{S}_{K,t} \Delta \ln K_t + \bar{S}_{L,t} \Delta \ln L_t + \Delta \ln A_t \qquad (6.11)$$

公式（6.10）与公式（6.11）的区别在于，将对产出的衡量改为各产业增加值的加总，而要素投入未变。

总资本由机械、计算机、建筑物等构成，劳动力由低技能劳动力、高技能劳动力等构成，很显然，这些要素具有不同的边际生产率，各个要素加总公式如下：

$$\Delta \ln K_t = \sum_K \bar{V}_{k,t} \Delta \ln K_{k,t} \qquad (6.12)$$

$$\Delta \ln L_t = \sum_l \bar{V}_{l,t} \Delta \ln L_{l,t} \qquad (6.13)$$

根据 Krishna 等 （2015） 的文献，劳动力被区分为五种类型，分别是小学以下、小学、初中、高中、高中以上五种受教育程度的劳动力；资本则被区分为三种类型，分别是运输设备、机械和建筑。公式 （6.11） 用于计算宏观经济的全要素生产率增长。全要素生产率的增长可以通过提高工业内部的生产率或通过将劳动力和资本从低生产率部门转移到高生产率部门来实现。

为了研究宏观经济全要素生产率增长的产业来源，并将各个产业的相对重要性和要素的重新配置 （或结构演变） 对宏观经济全要素生产率的影响进行量化，这里使用 Jorgenson 等 （2007） 的直接加总法，公式如下：

$$\Delta \ln V_t = \sum \bar{S}_{i,t} \Delta \ln V_{i,t} = \sum \bar{S}_{i,t} \frac{\bar{S}_{K,i,t}}{\bar{S}_{V,i,t}} \Delta \ln K_{i,t}$$

$$+ \sum \bar{S}_{i,t} \frac{\bar{S}_{L,i,t}}{\bar{S}_{V,i,t}} \Delta \ln L_{i,t} + \sum \bar{S}_{i,t} \frac{1}{\bar{S}_{V,i,t}} \Delta \ln A_{i,t} \quad (6.14)$$

公式 （6.14） 表明总增加值的增长率是由产业资本投入、产业劳动投入和产业全要素生产率的加权贡献得到的。

用公式 （6.14） 减公式 （6.11） 得到：

$$\Delta \ln A_t = \sum \bar{S}_{i,t} \frac{1}{\bar{S}_{V,i,t}} \Delta \ln A_{i,t} + \left(\sum \bar{S}_{i,t} \frac{\bar{S}_{K,i,t}}{\bar{S}_{V,i,t}} \Delta \ln K_{i,t} - \bar{S}_{K,t} \Delta \ln K_t \right)$$

$$+ \left(\sum \bar{S}_{i,t} \frac{\bar{S}_{L,i,t}}{\bar{S}_{V,i,t}} \Delta \ln L_{i,t} - \bar{S}_{L,t} \Delta \ln L_t \right)$$

$$= \sum \bar{S}_{i,t} \frac{1}{\bar{S}_{V,i,t}} \Delta \ln A_{i,t} + REAL_{K,t} + REAL_{L,t} \quad (6.15)$$

公式（6.15）意味着整个经济的全要素生产率可以被分解为部门要素生产率的贡献 $\sum_i \frac{\bar{S}_{i,t}}{\bar{S}_{V,i,t}} \Delta \ln A_{i,t}$，以及产业间资本和劳动重新配置的贡献 $REAL_{K,t}$ 和 $REAL_{L,t}$。

2. 根据扩展的偏离－份额法计算产业结构变动效应

根据公式（6.15）计算中国和印度产业结构变动的部门内效应、资本转移效应和劳动转移效应，资料来源于 KLEMS 数据库，计算结果见表6.1。

总体来看，在考察期内，中印两国的部门内效应都大于资本转移效应和劳动转移效应，即全要素生产率的提高，大部分来自部门内生产效率的提高。就中印比较而言，计算结果似乎得出了一个出乎意料的结论，即印度的部门内效应大于中国，意味着印度各部门劳动生产率提高的效应更大。这一方面可能是因为印度的就业统计数据中不包括非正式组织的就业数量，而印度非正式组织的就业规模很庞大（陈维真，2012）。另一方面是由于考察期内中国粗放式经营方式占主导地位，部门内生产效率变动缓慢。再来看资本转移效应，印度高于中国，代表观察期内印度的资本利用率高于中国，这与印度的金融改革领先于中国相关，从而使印度的金融体制比中国更有效率（黄亚生，2013）。就观察期内的劳动转移效应进行中印比较，发现中国一直高于印度，说明中国的劳动力转移幅度大于印度，利用效率更高，特别是农业劳动力的转移幅度远远大于印度。与此同时，两国的制造业就业比重不升反降，但降幅都很小，说明在观察期内两国的劳动力几乎没有从农业转移到制造业，制造业没有吸收从农业中释放出来的劳动力，这一事实违背了传统的结构转型假设。但制造业内部出现了一些动态变化，建筑业在就业方面的比重都提升了。虽然中印两国制造业的就业比重都出现了小幅下降，但两国制造业的产值比重出现很大差异，中国制造业的产值比重在观察期内上升了 8.41 个百分点，而印度制造业的产值比重下降了 1.14 个百分点，说明中国制造业的劳动生产率高于印度。此外，两国的服务业就业比重都有大幅提高，特别是中国服务业的就业比重提高了 18.87 个百分点，而印度服务业的就业比重仅提高了 9.06 个百分点。

在制造业中，虽然传统行业失去了重要性，但包括工程和化工在内的一些现代行业在吸收劳动力方面确实有了适度的改善，这表明行业内发生了积极的结构转型。

表 6.1　中印产业结构变动效应（1987～2010 年）

单位：%

年份	印度				中国			
	部门内效应	资本转移效应	劳动转移效应	总效应	部门内效应	资本转移效应	劳动转移效应	总效应
1987～1992	25.65	5.75	4.40	35.80	22.45	5.37	17.96	45.78
1992～1997	30.34	6.52	4.55	41.41	-49.16	6.29	28.18	-14.69
1997～2002	18.42	7.71	6.36	32.49	13.68	2.87	7.18	23.73
2002～2007	54.52	13.31	5.92	73.75	40.74	4.28	13.25	58.27
2007～2010	27.24	6.75	4.07	38.06	-24.32	1.97	10.09	-12.26

资料来源：KLEMS 数据库。

二 计量模型设定与数据来源

本部分探讨中国和印度在向市场经济过渡以来，产业结构变动对经济增长的影响。作为金砖国家中的两个大国，中国和印度的表现对世界经济增长有着举足轻重的影响。如前所述，在实施经济改革后，1978～2018 年中国的年均经济增长率达到了 9.50% 的高水平，印度 1991～2018 年则实现了 6.36% 的经济增长率，两国的经济增长率在全世界领先。就人均 GDP 而言，两国的差距越拉越大，中国从改革前的人均 229.26 美元增加到改革后的 2444.13 美元，增长了近 10 倍，而印度则从改革前的 432.53 美元增长到改革后的 1123.91 美元，增长了不到两倍。此外，两国的产业结构差异巨大，中国以制造业为主，被称为"世界工厂"，印度以服务业为主，被称为"世界办公室"。两个国家在增长模式上具有高度异质性。中印两国增长模式差异背后的根本因素是什么？从前述文献综述来看，关于产业结构对经济增长影响的跨国实证比较不多，更多的是简单的数量比较和定性分析。本部分通过对中印两国经济的比较，着重分析两国产业结构对经济增长的影响。

1. 构建回归模型

本部分借鉴刘伟、李绍荣（2002）的分析模型，通过对模型的变量进行适当调整，对中印两国的经济增长模型进行回归分析。

首先，构建一个函数：

$$Y = F(X_1, X_2, \cdots, X_n, I) \tag{6.16}$$

Y 代表国内生产总值，X_i 代表第 i 产业的产值，$i = 1$，2，3，$\cdots$，n，I 代表经济制度和技术水平。由于各部门的产值结构、就业结构可以被用来表征产业结构变动，因此，公式（6.16）可以被用来分析产业结构对经济增长的影响。由于产业之间可能存在共线性现象，或者有些变量只有在与其他变量共同作用下才能发挥解释作用，那么就需要把这些变量视为经济制度中的一个部分。

对公式（6.16）进行全微分再除以总产出 Y，得到：

$$\frac{\mathrm{d}Y}{Y} = \frac{\partial Y}{\partial X_1} \cdot \frac{\mathrm{d}X_1}{Y} + \frac{\partial Y}{\partial X_2} \cdot \frac{\mathrm{d}X_2}{Y} + \cdots + \frac{\partial Y}{\partial X_i} \cdot \frac{\mathrm{d}X_i}{Y} + \frac{\partial Y}{\partial I} \cdot \frac{\mathrm{d}I}{Y} \tag{6.17}$$

再将公式（6.17）上下同乘 X_i，得到：

$$\frac{\mathrm{d}Y}{Y} = \frac{\partial Y/Y}{\partial X_1/X_1} \cdot \frac{\mathrm{d}X_1}{X_1} + \frac{\partial Y/Y}{\partial X_2/X_2} \cdot \frac{\mathrm{d}X_2}{X_2} + \cdots + \frac{\partial Y/Y}{\partial X_i/X_i} \cdot \frac{\mathrm{d}X_i}{X_i} + \frac{\partial Y/Y}{\partial I/I} \cdot \frac{\mathrm{d}I}{I}$$

$$\tag{6.18}$$

$\dfrac{\partial Y/Y}{\partial X_i/X_i}$ 表示产业 i 的总产出弹性，即产业 i 的产出增长 1 个百分点，能够使总产出增长几个百分点。

$\dfrac{\partial Y/Y}{\partial I/I} \cdot \dfrac{\mathrm{d}I}{I}$ 表示经济制度变迁对经济增长的贡献。利用公式（6.18）设计下面的计量模型进行回归分析：

$$\mathrm{Log}Y = \beta_0 + \beta_1 \mathrm{Log}X_1 + \beta_2 \mathrm{Log}X_2 + \cdots + \beta_i \mathrm{Log}X_i + \epsilon \tag{6.19}$$

2. 数据来源

本部分数据从 1980 年开始选取，数据全部来源于 KLEMS

数据库，由于 KLEMS 数据库仅提供到 2010 年的数据，因此，本部分考察 1980 ~ 2010 年的回归分析结果。KLEMS 将三次产业细分为农业、工业和服务业三大类，三大类产业又细分为 27 个子部门（见表 6.2）。

表 6.2　KLEMS 产业分类

子部门	字母表示
农业	X_1
采矿、采石	X_2
食品、饮料和烟草	X_3
纺织品、皮革和鞋类	X_4
木材和木材制品	X_5
纸浆、纸、印刷品和出版物	X_6
焦炭、石油和核燃料	X_7
化学品和化学制品	X_8
橡塑制品	X_9
其他非金属矿产	X_{10}
基本金属和金属制品	X_{11}
机械、生活必需品	X_{12}
光电设备	X_{13}
运输设备	X_{14}
制造业产品、生活必需品、回收利用	X_{15}
供电、供气和供水	X_{16}
建筑	X_{17}
贸易	X_{18}
酒店和餐馆	X_{19}
运输和仓储	X_{20}
邮电通信	X_{21}

子部门	字母表示
金融服务	X_{22}
设备租赁和企业服务	X_{23}
公共行政和国防、强制性社会保障	X_{24}
教育	X_{25}
健康和社会工作	X_{26}
其他服务	X_{27}

三　对印度产业结构变动与经济增长的回归分析

1. 按 27 个部门进行回归的结果分析

利用 KLEMS 中提供的印度相关数据，运用 EViews 软件对公式（6.19）进行回归分析，结果见表 6.3。

回归结果中多元判定系数 $R^2 = 1.000$，调整后的判定系数 $\hat{R}^2 = 0.999998$，德宾 – 沃森（Durbin-Watson）检验 $= 3.357322$，说明变量存在自相关性。其中采矿、采石（X_2），木材和木材制品（X_5），纸浆、纸、印刷品和出版物（X_6），焦炭、石油和核燃料（X_7），橡塑制品（X_9），其他非金属矿产（X_{10}），基本金属和金属制品（X_{11}），机械、生活必需品（X_{12}），运输设备（X_{14}），供电、供气和供水（X_{16}），贸易（X_{18}），运输和仓储（X_{20}），邮电通信（X_{21}），设备租赁和企业服务（X_{23}），公共行政和国防、强制性社会保障（X_{24}），教育（X_{25}），健康和社会工作（X_{26}）与其他部门或经济制度出现了共线性，没有通过 t 检验，说明这 17 个部门对经济增长的影响是通过其他部门间接产生的，自身对经济增长的影响并不显著。

表 6.3　印度产业结构和经济增长回归结果

		协方差	标准差	t	P
	Y	2.767852	0.175336	15.786	0.0001
农业	$Log(X_1)$	0.171806	0.027995	6.137053	0.0036
采矿、采石	$Log(X_2)$	-0.008783	0.015489	-0.567014	0.6010
食品、饮料和烟草	$Log(X_3)$	0.144498	0.020087	7.193681	0.0020
纺织品、皮革和鞋类	$Log(X_4)$	0.051101	0.018172	2.81206	0.0482
木材和木材制品	$Log(X_5)$	-0.007721	0.005757	-1.341158	0.2510
纸浆、纸、印刷品和出版物	$Log(X_6)$	0.032608	0.017561	1.856835	0.1369
焦炭、石油和核燃料	$Log(X_7)$	0.019826	0.008998	2.203408	0.0923
化学品和化学制品	$Log(X_8)$	0.057768	0.014595	3.957962	0.0167
橡塑制品	$Log(X_9)$	0.038652	0.015395	2.510779	0.0660
其他非金属矿产	$Log(X_{10})$	-0.017291	0.015516	-1.11439	0.3276
基本金属和金属制品	$Log(X_{11})$	0.022609	0.021057	1.073736	0.3434
机械、生活必需品	$Log(X_{12})$	0.009031	0.014449	0.62505	0.5658
光电设备	$Log(X_{13})$	0.074275	0.019759	3.759074	0.0198
运输设备	$Log(X_{14})$	0.006969	0.009220	0.755854	0.4918
制造业产品、生活必需品、回收利用	$Log(X_{15})$	0.067692	0.010447	6.479503	0.0029
供电、供气和供水	$Log(X_{16})$	0.044376	0.016176	2.74325	0.0517
建筑	$Log(X_{17})$	0.097921	0.022656	4.322093	0.0124
贸易	$Log(X_{18})$	-0.065866	0.054156	-1.216212	0.2908
酒店和餐馆	$Log(X_{19})$	0.106159	0.027734	3.827749	0.0187
运输和仓储	$Log(X_{20})$	0.023493	0.050603	0.464254	0.6666
邮电通信	$Log(X_{21})$	-0.037744	0.018904	-1.996587	0.1166
金融服务	$Log(X_{22})$	0.067897	0.016927	4.011091	0.0160

续表

		协方差	标准差	t	P
	Y	2.767852	0.175336	15.786	0.0001
设备租赁和企业服务	$Log(X_{23})$	−0.006140	0.025183	−0.243823	0.8194
公共行政和国防、强制性社会保障	$Log(X_{24})$	0.031545	0.055988	0.563417	0.6032
教育	$Log(X_{25})$	−0.088828	0.063698	−1.39452	0.2356
健康和社会工作	$Log(X_{26})$	−0.014058	0.040178	−0.349904	0.7441
其他服务	$Log(X_{27})$	0.198216	0.051615	3.840291	0.0185

剔除那些具有共线性的变量后再进行回归，结果发现虽然不存在共线性问题，但存在影响不显著的问题，共进行三次回归，当仅对农业（X_1），采矿、采石（X_2），木材和木材制品（X_5），化学和化学制品（X_8），其他非金属矿产（X_{10}）进行回归时，显著性才较强，但这种分析已经没有应有的经济意义。因此，下面将重新按六大部门进行回归，分析六大部门产业构成对经济增长的影响。

2. 按六大部门进行回归的结果分析

根据三次产业的分类方法，本部分按照农业（C_1）、消费品制造业（C_2）、中间品制造业（C_3）、投资品制造业（C_4）、建筑业（C_5）和服务业（C_6）再次进行回归分析，以考察这六大部门对经济增长的影响情况。

回归方程如下：

$$LogY = \beta_0 + \beta_1 LogC_1 + \beta_2 LogC_2 + \cdots + \beta_6 LogC_6 + \epsilon \qquad (6.20)$$

回归结果见表6.4。

表 6.4　印度六大部门回归结果

变量	协方差	标准差	t	P
C	1.701124	0.027545	61.75821	0.0000
Log (C_1)	0.172999	0.008993	19.23747	0.0000
Log (C_2)	0.159981	0.009059	17.66050	0.0000
Log (C_3)	0.177735	0.009698	18.32645	0.0000
Log (C_4)	0.055299	0.005619	9.841865	0.0000
Log (C_5)	0.082118	0.007487	10.96807	0.0000
Log (C_6)	0.351745	0.010036	35.04753	0.0000

该回归多元判定系数 $R^2 = 0.999998$，调整后的判定系数 $\widehat{R}^2 = 0.999997$，德宾－沃森检验 = 1.660499，说明回归方程的残差项不存在序列相关性，因此该回归方程的参数估计值在统计意义上可置信。

根据回归结果，对回归方程进行还原可知，在印度，农业增长 1 个百分点会使总产出增长 0.173 个百分点，消费品制造业增长 1 个百分点会使总产出增长 0.160 个百分点，中间品制造业增长 1 个百分点会使总产出增长 0.178 个百分点，投资品制造业增长 1 个百分点会使总产出增长 0.055 个百分点，建筑业增长 1 个百分点会使总产出增长 0.082 个百分点，服务业增长 1 个百分点会使总产出增长 0.352 个百分点。可见在印度经济增长中，服务业的贡献最大，其次是中间品制造业，再次是农业、消费品制造业。

从两种回归结果可以看出，在印度，农业仍然处于比较重要的地位，从长期来看，要想实现经济的可持续发展，需要对印度的传统农业进行改革，提高生产效率，同时还要对制造业的生产组织形式和生产结构进行调整，提高非正式组织或部门的劳动生产率。

四 对中国产业结构变动与经济增长的回归分析

1. 按 27 个部门进行回归的结果分析

利用 KLEMS 数据库中提供的中国相关数据，运用 EViews 软件对公式（6.19）进行回归分析，结果见表6.5。

回归结果中多元判定系数 $R^2 = 1.000$，调整后的判定系数 $\hat{R}^2 = 0.999996$，但德宾 – 沃森检验 $= 3.185826$，说明变量存在较强的自相关性，没有通过 t 检验。由此可见，这些部门对经济增长的影响是通过部门间相互作用产生的，因此，放弃这种变量分类方式。

表 6.5 中国产业结构和经济增长回归结果

		协方差	标准差	t	P
	Y	4.490971	0.619174	7.253167	0.0185
农业	$Log(X_1)$	0.066063	0.050262	1.314363	0.3192
采矿、采石	$Log(X_2)$	− 0.046521	0.065172	− 0.713826	0.5494
食品、饮料和烟草	$Log(X_3)$	− 0.093147	0.054764	− 1.700898	0.2311
纺织品、皮革和鞋类	$Log(X_4)$	− 0.063736	0.101562	− 0.627558	0.5944
木材和木材制品	$Log(X_5)$	0.030498	0.046802	0.651634	0.5815
纸浆、纸、印刷品和出版物	$Log(X_6)$	0.103928	0.181922	0.571280	0.6254
焦炭、石油和核燃料	$Log(X_7)$	0.121843	0.036272	3.359106	0.0784
化学品和化学制品	$Log(X_8)$	0.240674	0.051566	4.667302	0.0430

续表

		协方差	标准差	t	P
	Y	4.490971	0.619174	7.253167	0.0185
橡塑制品	$\text{Log}(X_9)$	− 0.227748	0.202336	− 1.125592	0.3773
其他非金属矿产	$\text{Log}(X_{10})$	0.105181	0.054571	1.927403	0.1938
基本金属和金属制品	$\text{Log}(X_{11})$	0.075234	0.111023	0.677649	0.5679
机械、生活必需品	$\text{Log}(X_{12})$	0.052721	0.028341	1.860212	0.2039
光电设备	$\text{Log}(X_{13})$	0.201231	0.095895	2.098438	0.1707
运输设备	$\text{Log}(X_{14})$	− 0.001302	0.018261	− 0.071279	0.9497
制造业产品、生活必需品、回收利用	$\text{Log}(X_{15})$	0.030981	0.011064	2.800073	0.1074
供电、供气和供水	$\text{Log}(X_{16})$	− 0.079947	0.068263	− 1.171156	0.3622
建筑	$\text{Log}(X_{17})$	0.050315	0.029613	1.699119	0.2314
贸易	$\text{Log}(X_{18})$	0.115324	0.039679	2.906425	0.1008
酒店和餐馆	$\text{Log}(X_{19})$	− 0.073707	0.145384	− 0.506981	0.6625
运输和仓储	$\text{Log}(X_{20})$	0.001088	0.045797	0.023749	0.9832
邮电通信	$\text{Log}(X_{21})$	0.042483	0.028151	1.509116	0.2703
金融服务	$\text{Log}(X_{22})$	0.078913	0.017327	4.554408	0.0450
设备租赁和企业服务	$\text{Log}(X_{23})$	0.087241	0.029168	2.990957	0.0960
公共行政和国防、强制性社会保障	$\text{Log}(X_{24})$	0.139701	0.061639	2.266421	0.1516
教育	$\text{Log}(X_{25})$	− 0.026874	0.072252	− 0.371945	0.7456
健康和社会工作	$\text{Log}(X_{26})$	− 0.050137	0.084394	− 0.594087	0.6127
其他服务	$\text{Log}(X_{27})$	0.021483	0.012552	1.711520	0.2291

2. 按六大部门进行回归的结果分析

如前所述，根据三次产业的分类方法，本部分也按照农业（C_1）、消费品制造业（C_2）、中间品制造业（C_3）、投资品制造业（C_4）、建筑业（C_5）和服务业（C_6）再次进行回归分析，以考察这六大部门对经济增长的影响。

回归方程仍然是公式（6.20），回归结果见表6.6。

表6.6　中国六部门回归结果

变量	协方差	标准差	t	P
C	2.100682	0.084643	24.81825	0.0000
Log（C_1）	0.097816	0.023406	4.179163	0.0004
Log（C_2）	0.023595	0.021352	1.105057	0.2806
Log（C_3）	0.411275	0.037050	11.10053	0.0000
Log（C_4）	0.123817	0.029041	4.263498	0.0003
Log（C_5）	0.099164	0.018948	5.233462	0.0000
Log（C_6）	0.221798	0.018158	12.21469	0.0000

该回归多元判定系数$R^2 = 0.999978$，调整后的判定系数$\widehat{R^2} = 0.999972$，德宾－沃森检验$= 1.514981$，说明回归方程的残差项不存在序列相关性，因此，该回归方程的参数估计值在统计意义上可置信，Log（C_2）的P值偏高，说明C_2对经济增长的影响较小。

根据回归结果，对回归方程进行还原可知，在中国，农业增长1个百分点会使总产出增长0.098个百分点，消费品制造业增长1个百分点会使总产出增长0.024个百分点，中间品制造业增长1个百分点会使总产出增长0.411个百分点，投资品制造业增长1个百分点会使总产出增长0.124个百分点，建筑业增长1个百分点会使总产出增长0.099个百分点，服务业增长1个百分点会使总产出增长0.222个百分点。可见，在中国经济增长中，中间品制造业的贡献最大，其次是服务业，再次是投资品制造业、建筑业和农业。

第七章 研究结论与启示

第一节 研究的主要结论

自 20 世纪 90 年代初以来，发展中国家几乎无一例外地与世界经济更加融合，全球化促进了全球产业结构的变动，促进了国家间的技术转让，提高了生产效率，结构变化促进了总体增长。尽管发展经济学认为产业结构变动的规律具有普遍意义，但随着经济增长进程的推进，各个国家面临的各种内部、外部环境因素会发生变化，因此，各个国家的具体产业结构变动可能呈现特殊形态。

通过对世界人口最多的两个发展中国家——中国和印度的产业结构变动及其对经济增长的影响进行对比研究，结果发现，全球化对各国的影响，取决于各国融入全球经济的方式。

20 世纪 50 年代曾经出现日本的经济奇迹，20 世纪 60 年代出现韩国的汉江奇迹。近几十年来，中国和印度的经济高速增长，超越了西方一些发达经济体。21 世纪，这两个国家在世界经济中扮演着至关重要的角色。中国已成为"世界工厂"，成为世界大规模生产工业品的中心，印度因其信息技术革命而成为"世界办公室"。本书通过研究，得到以下五点结论。

第一，在全球化条件下，生产要素会发生国际流动，导致一国的产业结构变动被纳入全球化生产体系，因此，全球化下一国产业结构的变动并不是独立的，而是与其他国家的产业结构变动过程相互影响和交融，出现非线性形态的跨越式发展。

第二，自 20 世纪 80 年代以来，中印产业结构发生了巨大变化，正如第三章的比较结果所示，整体上看，印度农业的产值比重在 1987 年之前低于中国，之后则高于中国，从一个侧面说明中国的产业结构变动速度快于印度；而工业产值比重，中国一直领先于印度并且上升速度快于印度；在服务业上，中国滞后于印度，在两国的经济增长中，中国更多的是靠工业带动，而印度更多的是靠服务业带动。第四章对中印两国的产业结构合理化和高级化指标进行比较发现，一方面，印度产业结构的合理化速度慢于中国，这主要是受土地改革不彻底从而农业发展缓慢的影响。另一方面，印度的产业结构高级化速度快，主要得益于印度抓住了全球信息化技术发展的有利时机，服务业特别是服务外包发展迅猛。

第三，通过扩展的偏离 – 份额法对中印的部门内效应、资本转移效应和劳动转移效应进行了比较，整体上看，两国的产业结构变动效应中，起主导作用的都是部门内效应，即两国各个部门劳动生产率的提高对经济的贡献最大。关于资本转移效应，印度高于中国，说明考察期内印度的资本利用率高于中国。就考察期内的劳动转移效应而言，中国一直高于印度，说明中国劳动力的转移幅度大于印度，利用效率更高，特别是农业劳动力的转移幅度远远大于印度。

第四，运用 EViews 统计软件对中印产值结构与经济增长的关系进行回归分析，结果显示：印度服务业每增长 1 个百分点，能够带动经济增长约 0.352 个百分点，而中国则仅能带动 0.222 个百分点的经济增长；中国的中间品制造业每增长 1 个百分点，能够带动经济增长约 0.411 个百分点，而印度则仅能带动 0.178 个百分点的经济增长。上述结果充分印证了中国的工业驱动经济增长模式和印度的服务业驱动经济增长模式。

第五，中国的产业结构变动比印度更为激烈，范围也更广。两国的经济增长方式存在非常明显的差异，其中一些差异与结构变化的时间和幅度不同密切相关。中国不仅拥有比印度大得多且集中的工业部门，而且快速工业化进程比印度要早十年左右。与中国相比，印度拥有数量惊人的微型企业和非常庞大的非正规组织，这些非正规组织不利于产生大规模的制造业部门，生产效率低下。但在印度，软件行业比中国更先进，尽管该行业的一个重要部分是作为外国公司的分包商开展的。由于服务业在国民经济中具有"黏合剂"的作用，中国在服务业上的滞后发展将影响其他相关产业的发展，影响产业结构调整的整体进程，也阻碍了劳动力向服务部门的转移。因此，加快我国现代服务业的发展，不仅是我国产业结构优化的一个重要任务，也是提高我国产业结构综合竞争力的关键所在。

第二节 启示

上述研究结论表明，中印两国在产业结构变动路径、变动速度及对经济增长的贡献方面都有极大的不同，这与两国不同的社会制度、政策选择取向和资源禀赋关系紧密。结合前述分析，得到以下三点启示。

一 产业结构优化是经济高质量发展之根本

综上所述，后发国家在发展过程中，由于面临国际环境和自身发展条件的变化，经济转型过程必然与先发展起来的发达国家有所不同，在发展过程中也会遇到各种各样的问题，但这些问题的存在并不代表会中断经济发展过程，反而会对产业结构优化以适应全球经济发展形势具有一定的促进作用，表现在产业结构的升级、经济增长方式的转变。通过中印产业结构变动与经济增长的比较分析，我们得到的深刻启示之一是：要想实现经济社会全面、协调、高质量和可持续发展，产业结构优化是根本。虽然印度以其服务业高速发展而骄傲，但在工业基础薄弱的条件下，以服务业为主导产业的发展模式能否持续是很多学者感到担忧的问题，世界上没有哪个大国绕开工业化过程直接进入后工业化社会的先例。因此，中国制造业的优先发展为中国发展生产性服务业提供了良好的基础和条件，利用当前向先进制造业转型的契机，实现服务业和制造业的融合发展，促进两者良性互动，对中国实现高质量发展具有重要意义。

二　市场在产业结构变动及调整中起决定性作用

通过对比中印产业结构的变动过程及原因可以发现，尽管两国政府在产业结构变动方面均实施过一定的调控甚至可以说是强有力的政府调控，但市场的作用并没有被忽视，中国于1978年进行了社会主义市场化改革，印度于1991年进行了经济自由化、私有化和市场化改革，两国均扩大了市场的作用。根据市场需求组织生产是使资源得到有效配置的最好方式，也是产业结构变动的良性指挥棒。两国的产业结构变动在很大程度上是市场自然选择的结果，是市场内部价格机制、竞争机制运行的必然结果，符合市场运行的客观规律。

此外，顺应市场规律发展起来的产业结构有利于建立合理的产业管理体制，即适合当时经济发展的管理体制，这有利于政府对产业结构进行宏观管理；反之，不考虑市场规律而强行建立起来的产业结构，即使政府的作用再强有力，也会制约产业结构的正常发育，失去产业结构变动的内在动力，从而抑制经济增长。

三 政府在产业结构变动及政策调整和引导上"有为"

学术界关于政府在产业政策方面应该"有为"还是"无为"一直存在争论。以林毅夫为代表的新结构经济学赞同"有为"政府，是指市场在提供软硬基础设施方面存在失灵，需要"有为"政府变市场失灵为市场有效，一个成功的国家，"有为"政府和"有效"市场缺一不可。而对此观点提出相反意见的张维迎则认为，在"人类认知能力有限"和"激励机制扭曲"的状态下，政府主导的产业政策面临失败的风险（鞠建东、刘政文，2017）。

从中国和印度产业结构的变动实践来看，以林毅夫为代表的"有为"政府和以张维迎为代表的"无为"政府，关键区别在于"为"什么。作为新兴的后发外生型国家，需要政府从法律、制度等方面提供相关的良好环境和有利条件，提供恰当的财政支持，以确保新兴产业、主导产业迅速成长，并将这些产业在增长、技术和制度创新等方面获得的优势扩散到整个产业体系。

在政府引导产业结构变动的过程中，需要注意以下两点。第一，要以需求结构为导向引导产业结构变动，以满足人们日益增长的美好生活需要。要从需求结构的实际及其演变趋势出发，合理规划和培育主导产业部门，把握产业结构变动趋势。

第二，要在全球化视角下，选择适应世界产业结构变动趋势的产业结构。这是因为在世界各国市场体系逐渐融合的大背景下，各国经济必然要成为世界经济的一个组成部分，不顾大环境，只关注局部的产业结构会与世界日益脱轨，不具备长期发展后劲。

参考文献

1. 艾周昌:《亚非发展中国家和地区现代化研究》,上海辞书出版社,2009,第227~228页。

2. 薄一波:《若干重大决策与实践的回顾》,中共中央党校出版社,1991,第290页。

3. 〔美〕布莱克(Cyril Edwin Black):《现代化的动力》,段小光译,四川人民出版社,1988,第13页。

4. 蔡昉:《经济增长源泉的变化要求政策关注点有所转变》,中国经济50人论坛,2020年1月。

5. 蔡玉蓉、汪慧玲:《创新投入对产业结构升级的影响机制研究——基于分位数回归的分析》,《经济问题探索》2018年第1期。

6. 曹虹剑、吴红霞、杨妮、王艳:《大国视角下中印两国产业体系比较研究》,《经济数学》2017年第3期。

7. 陈福今、袁曙宏等:《欧洲公共部门绩效评估——教育、医疗、法律及公共管理的国际比较》,国家行政学院出版社,

2005，第 49 页。

8. 陈维真：《中印经济论》，江西人民出版社，2012，第 258 页。

9. 陈玮：《比较制度优势与产业结构差异：中印两国产业结构的差异及其原因》，《上海交通大学学报》（哲学社会科学版）2017 年第 5 期。

10. 陈羽：《印度产业升级的路径依赖和路径创新——基于新制度经济学视角的探讨》，《南亚研究》2013 年第 4 期。

11. 储德银、纪凡：《税制结构变迁与产业结构调整：理论诠释与中国经验证据》，《经济学家》2017 年第 3 期。

12. 董本云、李海峰、许春燕：《吉林省产业结构转变与经济增长实证分析》，《工业技术经济》2002 年第 4 期。

13. 董辅礽：《中华人民共和国经济史》，经济科学出版社，1999，第 603~604 页。

14. 董磊：《战后经济发展之路》，经济科学出版社，2013，第 182、185、282、283 页。

15. 董志凯：《中国工业化和经济发展离不开资本运作》，《上海证券报》，2008 年 7 月 9 日。

16. 樊丽明、李庆华：《亚洲国家和港澳台地区财政税收》，山东大学出版社，1995，第 263 页。

17. 逄金玉、蒋三庚：《中国城镇化建设与投融资研究》，中国经济出版社，2014，第 36 页。

18. 付宏、毛蕴诗、宋来胜：《创新对产业结构高级化影响的实证研究——基于 2000~2011 年的省际面板数据》，《中国工业经济》2013 年第 9 期。

19. 傅利平、李军辉：《城市化与现代服务业协同演进的内生机理研究——基于超边际分析方法》，《华东经济管理》2013 年第 6 期。

20. 傅元海、叶祥松、王展祥：《制造业结构变迁与经济增长效率提高》，《经济研究》2016 年第 8 期。

21. 干春晖、郑若谷、余典范：《中国产业结构变迁对经济增长和波动的影响》，《经济研究》2011 年第 5 期。

22. 高军峰：《中国工农业发展关系研究（1949~2003）》，中共党史出版社，2013，第 105 页。

23. 高欣、申博：《印度产业结构变化对我国的启示》，《合作经济与科技》2011 年第 16 期。

24. 高远东、张卫国、阳琴：《中国产业结构高级化的影响因素研究》，《经济地理》2015 年第 6 期。

25. 龚仰军：《产业结构研究》，上海财经大学出版社，2002，第 34~36 页。

26. 郭熙保、王筱茜：《产业结构与经济增长——基于中等收入国家的视角》，《江汉论坛》2017 年第 6 期。

27. 郭旭红、武力：《新中国产业结构变动述论（1949~2016)》，《中国经济史研究》2018 年第 1 期。

28. 郭晔、赖章福：《货币政策与财政政策的区域产业结构调整效应比较》，《经济学家》2010 年第 5 期。

29. 国家发改委产业经济研究所：《中国产业发展报告 2015》，中国市场出版社，2015，第 134 页。

30. 何爱平、宋宇：《马克思主义经济学与西方经济学的比较研究》（第 1 辑），中国经济出版社，2011，第 111 页。

31. 何德旭、姚战琪：《中国产业结构调整的效应、优化升级目标和政策措施》，《中国工业经济》2008 年第 5 期。

32. 洪银兴、魏杰、韩志国：《论产业结构》，《科学·经济·社会》1987 年第 5 期。

33. 胡立君、许振凌、石军伟：《我国产业结构升级与经济发展水平的协调性研究》，《统计与决策》2019 年第 24 期。

34. 胡晓鹏：《中国经济增长与产业结构变动的联动效应探析》，《产业经济研究》2003 年第 6 期。

35. 黄汉权：《新中国产业结构发展演变历程及启示》，《金融时报》，2019 年 9 月 16 日。

36. 黄洪琳：《中国就业结构与产业结构的偏差及原因探讨》，《人口与经济》2008 年第 S1 期。

37. 黄亮雄、安苑、刘淑琳：《中国的产业结构调整：基于企业兴衰演变的考察》，《产业经济研究》2016 年第 1 期。

38. 黄亮雄、安苑、刘淑琳：《中国的产业结构调整：基于三个维度的测算》，《中国工业经济》2013 年第 10 期。

39. 黄南：《现代产业体系构建与产业结构调整研究》，东南大学出版社，2011，第 140～141 页。

40. 黄溶冰、胡运权：《产业结构有序度的测算方法——基于熵的视角》，《中国管理科学》2006 年第 1 期。

41. 黄亚生：《印度离中国还有多远？——从经济表现、体制影响、发展现状预测两国前景》，《人民论坛·学术前沿》2013 年第 19 期。

42. 黄永春、郑江淮、杨以文、臧灿甲：《"跨工业化"经济增长模式分析——来自印度经济增长模式的启示》，《中国人口·资源与环境》2012年第11期。

43. 纪玉山、吴勇民：《我国产业结构与经济增长关系之协整模型的建立与实现》，《当代经济研究》2006年第6期。

44. 季良玉：《技术创新影响中国制造业转型升级的路径研究》，博士学位论文，东南大学，2016。

45. 贾仓仓、陈绍友：《中国产业结构演变对经济增长的影响——基于动态面板模型系统GMM方法》，《西安建筑科技大学学报》（社会科学版）2018年第4期。

46. 〔美〕贾格迪什·巴格瓦蒂（Jagdish Bhagwati）、阿尔温德·帕纳格里亚（Arvind Panagariya）：《增长为什么重要：来自当代印度的发展经验》，王志毅译，浙江大学出版社，2015，第23页。

47. 贾敬全、殷李松：《财政支出对产业结构升级的空间效应研究》，《财经研究》2015年第9期。

48. 简新华、余江：《中国工业化与新型工业化道路》，山东人民出版社，2009，第245、261页。

49. 江小涓：《产业结构优化升级：新阶段和新任务》，《财贸经济》2005年第4期。

50. 姜睿：《外国直接投资的产业结构、市场结构效应研究》，上海财经大学出版社，2006，第23页。

51. 〔美〕杰拉尔德·迈耶（Gerald M. Meier）、达德利·西尔斯（Dudley Seers）：《发展经济学的先驱》，谭崇台译，经济科学出版社，1988，第 383 页。

52. 金殿臣、李媛：《能源消费、经济增长与产业发展的实证研究——基于中国 1953 年~2014 年的数据分析》，《现代管理科学》2017 年第 5 期。

53. 景跃军：《战后美国产业结构变动及与欧盟比较研究》，吉林人民出版社，2006，第 37 页。

54. 靖学青：《产业结构高级化与经济增长——对长三角地区的实证分析》，《南通大学学报》（社会科学版）2005 年第 3 期。

55. 鞠建东、刘政文：《产业结构调整中的有为地方政府》，《经济学报》2017 年第 4 期。

56. 〔美〕库兹涅茨（Simon Smith Kuznets）：《各国的经济增长：总产值和生产结构》，常勋等译，商务印书馆，1985，第 159、217 页。

57. 匡远配、唐文婷：《中国产业结构优化度的时序演变和区域差异分析》，《经济学家》2015 年第 9 期。

58. 〔印〕拉胡尔·萨拉奥吉（Rahul Saraogi）：《掘金印度》，郑磊、苑桂冠译，机械工业出版社，2015，第 120 页。

59. 赖镇发：《中印经济结构比较：1992~2001》，《北方经济》2013 年第 9 期。

60. 雷霆：《中印经济发展潜力分析——基于产业结构的角度》，《技术经济》2013 年第 6 期。

61. 黎菱：《印度妇女：历史，现实，新觉醒》，世界知识出版社，1986，第 195 页。

62. 李博、胡进：《中国产业结构优化升级的测度和比较分析》，《管理科学》2008 年第 2 期。

63. 李小平、卢现祥：《中国制造业的结构变动和生产率增长》，《世界经济》2007 年第 5 期。

64. 李晓：《"一带一路"战略实施中的"印度困局"——中国企业投资印度的困境与对策》，《国际经济评论》2015 年第 9 期。

65. 李悦：《产业经济学》，中国人民大学出版社，2004，第 167～169 页。

66. 李政、杨思莹：《科技创新、产业升级与经济增长：互动机理与实证检验》，《吉林大学社会科学学报》2017 年第 3 期。

67. 刘芬：《印度》，世界知识出版社，1956，第 53 页。

68. 刘明勇：《经济工作实用词解》，经济管理出版社，2008，第 335 页。

69. 刘淑茹：《产业结构合理化评价指标体系构建研究》，《科技管理研究》2011 年第 5 期。

70. 刘伟、范欣：《现代经济增长理论的内在逻辑与实践路径》，《北京大学学报》（哲学社会科学版）2019 年第 3 期。

71. 刘伟、李绍荣：《产业结构与经济增长》，《中国工业经济》2002 年第 5 期。

72. 刘伟、张辉、黄泽华：《中国产业结构高度与工业化进程和地区差异的考察》，《经济学动态》2008 年第 11 期。

73. 刘伟、张辉：《中国经济增长中的产业结构变迁和技术进步》，《经济研究》2008 年第 11 期。

74. 刘召：《我国产业结构转型升级的演变分析》，《国研网：经济智汇》2019 年 12 月。

75. 刘志彪、安同良：《中国产业结构演变与经济增长》，《南京社会科学》2002 年第 1 期。

76.〔印〕鲁达尔·达特（Rudder, D.）、桑达拉姆（Sundha-ram, K. P. M.）：《印度经济》（上），雷启淮、李德昌译，四川大学出版社，1994，第 252 页。

77. 鲁奇、张超阳：《河南省产业结构和经济增长关系的实证分析》，《中国人口·资源与环境》2008 年第 1 期。

78. 鲁友章：《重商主义》，商务印书馆，1964，第 15 页。

79. 吕健：《产业结构调整、结构性减速与经济增长分化》，《中国工业经济》2012 年第 9 期。

80. 吕铁、周叔莲：《中国的产业结构升级与经济增长方式转变》，《管理世界》1999 年第 1 期。

81. 梅国平、龚海林：《环境规制对产业结构变迁的影响机制研究》，《经济经纬》2013 年第 2 期。

82. 培伦：《印度通史》，黑龙江人民出版社，1990，第 776 页。

83.〔美〕钱纳里（Hollis B. Chenery）、鲁宾逊（S. Robinson）、赛尔昆（Moshe Syrquin）：《工业化和经济增长的比较研究》，吴奇、王松宝译，上海三联书店，1986，第 23、185 页。

84.〔美〕钱纳里、赛尔昆：《发展的型式：1950～1970》，李新华、徐公理、迟建平译，经济科学出版社，1992，第 27～32 页。

85. 钱水土、王文中、方海光：《绿色信贷对我国产业结构优化效应的实证分析》，《金融理论与实践》2019年第1期。

86. 任佳：《印度工业化进程中产业结构的演变——印度发展模式初探》，云南人民出版社、云南大学出版社，2011，第29页。

87. 任泽平、熊柴等：《渐行渐近的人口危机——中国生育报告2019（上）》，华尔街见闻，2019年1月。

88. 阮萍、李雅旭：《呼包鄂城市群产业结构演进与经济增长关系研究》，《黑龙江生态工程职业学院学报》2019年第6期。

89. 沈开艳、权衡：《经济发展方式比较研究——中国与印度经济发展比较》，上海社会科学院出版社，2008，第119页。

90. 〔印〕苏伦特拉·杰·帕蒂尔（Surendra J. Patel）：《印度的有计划发展：对1950至1975年主要变化的回顾》，蔡旭敏译，《国际经济评论》1980年第9期。

91. 苏振东、金景仲、王小红：《中国产业结构演进中存在结构红利吗——基于动态偏离份额分析法的实证研究》，《财经科学》2012年第2期。

92. 孙国凤：《农业资源开发利用现状及发展趋势》，海洋出版社，1998，第227页。

93. 孙军：《需求因素、技术创新与产业结构变动》，《南开经济研究》2008年第5期。

94. 孙立平：《后发外生型现代化模式剖析》，《中国社会科学》1991年第2期。

95. 孙培钧：《中印经济发展比较研究》，经济管理出版社，2007，第1、87页。

96. 孙正：《"营改增"视角下流转税改革优化了产业结构吗?》，《中国软科学》2016年第12期。

97. 孙智君：《产业经济学》，武汉大学出版社，2010，第150页。

98. 唐鹏琪：《印度快速发展的软件产业对经济的影响》，《南亚研究季刊》2001年第1期。

99. 童健、刘伟、薛景：《环境规制、要素投入结构与工业行业转型升级》，《经济研究》2016年第7期。

100. 汪伟、刘玉飞、彭冬冬：《人口老龄化的产业结构升级效应研究》，《中国工业经济》2015年第11期。

101. 汪晓文、李明、张云晟：《中国产业结构演进与发展：70年回顾与展望》，《经济问题》2019年第8期。

102. 王立新：《工业化问题研究范式的反思和重构：从工业主义到重农主义》，《史学月刊》2006年第1期。

103. 王蒙、刘刚：《中国产业结构与经济增长研究：一个经济增长分解框架》，《社会科学辑刊》2017年第4期。

104. 王守法：《现代服务产业基础研究》，中国经济出版社，2007，第51、56页。

105. 王砚峰：《全球经济的22个瞬间——重点问题研究》，知识产权出版社，2008，第95页。

106. 王云松、孙凤娥：《基于KLEMS方法生产率研究的理论进展》，《中国集体经济》2013年第14期。

107. 〔英〕威廉·配第（William Petty）：《赋税论：献给英明

人士货币略论》，陈冬野等译，商务印书馆，1978，第66页。

108. 〔英〕威廉·配第：《政治算术》，陈冬野译，商务印书馆，1960，第 19~20 页。

109. 文富德：《印度产业模式浅析》，《亚太经济》2005 年第 4 期。

110. 文富德：《印度经济转型与经济增长前景》，《印度洋经济体研究》2015 年第 5 期。

111. 毋姣：《基于产品空间理论的中印产业升级比较》，硕士学位论文，西北大学，2017。

112. 吴丰华、刘瑞明：《产业升级与自主创新能力构建——基于中国省际面板数据的实证研究》，《中国工业经济》2013 年第 5 期。

113. 吴敬琏：《中国增长模式选择》，中信出版社，2017，第87 页。

114. 武力：《中国产业结构的演变及其启示》，《百年潮》2016 年第 3 期。

115. 武力：《中华人民共和国经济史》，中国经济出版社，1999，第 203 页。

116. 肖林：《新供给经济学——供给侧结构性改革与持续增长》，格致出版社、上海人民出版社，2016，第257 页。

117. 肖兴志、李少林：《环境规制对产业升级路径的动态影响研究》，《经济理论与经济管理》2013 年第 6 期。

118. 〔美〕熊彼特（Schumpeter）：《经济发展理论》，孔伟艳、朱攀峰、娄季芳译，北京出版社，2008，第38 页。

119. 徐传谌、王鹏、崔悦、齐文浩:《城镇化水平、产业结构与经济增长——基于中国 2000～2015 年数据的实证研究》,《经济问题》2017 年第 6 期。

120. 徐小苍:《中印俄巴产业结构转型的特点及比较》,《生产力研究》2008 年第 8 期。

121. 徐晔、杨飞:《产业结构演变与经济增长的波动——基于省际动态面板数据模型的实证研究》,《江西师范大学学报》(自然科学版) 2016 年第 5 期。

122. 严成樑、龚六堂:《熊彼特增长理论:一个文献综述》,《经济学》(季刊) 2009 年第 3 期。

123. 严成樑、吴应军、杨龙见:《财政支出与产业结构变迁》,《经济科学》2016 年第 1 期。

124. 杨丹辉:《全球化、服务外包与后起国家产业升级路径的变化:印度的经验及其启示》,《经济社会体制比较》2010 年第 4 期。

125. 杨丽君、邵军:《中国区域产业结构优化的再估算》,《数量经济技术经济研究》2018 年第 10 期。

126. 杨文武、雷鸣:《试论印度经济发展模式的形成基础、架构体态及其启示》,《南亚研究季刊》2008 年第 1 期。

127. 杨秀齐:《中印产业结构变动实证分析》,《南亚研究季刊》1998 年第 1 期。

128. 姚战琪:《服务业对外开放对我国产业结构升级的影响》,《改革》2019 年第 1 期。

129. 游光中、冯宗容:《世界经济大事典》,中国经济出版社,

1995，第 472 页。

130. 于刃刚：《配第－克拉克定理评述》，《经济学动态》1996
年第 8 期。

131. 原毅军、谢荣辉：《环境规制的产业结构调整效应研究——
基于中国省际面板数据的实证检验》，《中国工业经济》
2014 年第 8 期。

132. 张凤琦：《重工业化优先发展战略与工业化道路的探索》，
《中国共产党 90 年研究文集（下）》，2011，第 577～589 页。

133. 张国云：《我们的命就是这个时代：后危机时代的中国经
济》，中国经济出版社，2009，第 125 页。

134. 张环：《印度经济增长因素实证分析》，《亚太经济》2007
年第 2 期。

135. 张辉：《新中国成立 70 年来中国产业结构变动趋势研
究》，《新视野杂志》2019 年第 4 期。

136. 张建华：《美国复兴制造业对中国贸易的影响》，上海人
民出版社，2014，第 33、43 页。

137. 张力群：《印度经济增长研究》，东南大学出版社，2009，
第 254 页。

138. 张立、王学人：《印度服务业增长的绩效、原因与问题》，
《四川大学学报》（哲学社会科学版）2008 年第 2 期。

139. 张鹏辉：《中印产业结构演变差异的原因初探》，《福建论
坛》（人文社会科学版）2010 年第 S1 期。

140. 张卿、戴燕艳：《产业结构变动影响经济增长的机理：两
种理论述评及启示》，《岭南学刊》2011 年第 3 期。

141. 张少华、谢琳：《服务业主导的经济增长模式：来自南亚的经验证据》，《经济问题探索》2013 年第 9 期。

142. 张同斌、高铁梅：《财税政策激励、高新技术产业发展与产业结构调整》，《经济研究》2012 年第 5 期。

143. 张雨涛、杨文武：《印度经济产业结构的特性分析》，《南亚研究季刊》2012 年第 2 期。

144. 赵京：《产业结构变迁与经济发展》，《内蒙古师大学报》（哲学社会科学版）1998 年第 S1 期。

145. 郑吉昌：《会展基础理论》，中国商务出版社，2009，第 22 页。

146. 郑美琴：《中印产业结构比较》，《南亚研究》1990 年第 4 期。

147. 中共中央文献研究室编《中共中央关于制定国民经济和社会发展第十个五年计划的建议》，《十五大以来重要文献选编（中）》，人民出版社，2011，第 1371 页。

148. 中共中央西南局宣传部编《为动员一切力量把我国建设成为一个伟大的社会主义国家而斗争——关于党在过渡时期总路线的学习和宣传提纲》，中共中央华东局宣传部翻印，1954，第 12 页。

149. 中国社会科学院经济学部编《中国经济研究报告（2008～2009）》，经济管理出版社，2009，第 382 页。

150. 钟茂初、李梦洁、杜威剑：《环境规制能否倒逼产业结构调整——基于中国省际面板数据的实证检验》，《中国人口·资源与环境》2015 年第 8 期。

151. 周柯、王尹君：《环境规制、科技创新与产业结构升级》，《工业技术经济》2019 年第 2 期。

152. 周升业、孔祥毅：《中国社会主义金融理论》，中国金融出版社，1993，第 324 页。

153. 周叔莲、裴叔严：《中国工业发展战略问题研究》，天津人民出版社，1985，第 86 页。

154. 周叔莲、王伟光：《科技创新与产业结构优化升级》，《管理世界》2001 年第 5 期。

155. 周文慧：《新中国 70 年产业结构变动阶段研究》，《山西师大学报》（社会科学版）2019 年第 6 期。

156. 周雁：《耶鲁大学史》，上海交通大学出版社，2012，第 191 页。

157. 周振华：《产业结构优化论》，上海人民出版社，1992，第 89～90 页。

158. 周振华：《现代经济增长中的结构效应》，格致出版社、上海三联书店、上海人民出版社，2014，第 11 页。

159. 朱高峰：《全球化时代的中国制造》，社会科学文献出版社，2003，第 20 页。

160. 朱翔：《基于要素供给视角的浙江省传统产业结构升级问题研究》，硕士学位论文，浙江大学，2010。

161. 邹薇、胡翾：《中国经济对奥肯定律的偏离和失业问题研究》，《世界经济》2003 年第 6 期。

162. Abhrajit Sinha, "A Historical Services Led Growth of in India: An Unsolved Question", Prestige Institute of Management,

Gwalior, 10th International Conference on Digital Strategies for Organizational Success, 2019.

163. Abhrajit Sinha, "India's Services Revolution Amidst World wide Structural Change", *Journal of Quantitative Economics* 13, 2015, pp. 253 – 254.

164. Arthur M. Okun, "The Predictive Value of Surveys of Business Intentions", *The American Economic Review* 52 (2), 1962, pp. 218 – 225.

165. Colin Clark, *The Conditions of Economic Progress* (London, Macmillan CO. , Limited, 1940),p. 7.

166. Dale W. Jorgenson, Marcel P. Timmer, "Structural Change in Advanced Nations: A New Set of Stylised Facts", *Journal of Economics* 113 (1), 2011, pp. 1 – 29.

167. Daniel Bell, *The Coming of Post-Industrial Society: A Venture in Social Forecasting* (New York: Basic Books, 1973).

168. Dani Rodrik, Arvind Subramanian, "From 'Hindu Growth' to Productivity Surge: The Mystery of the Indian Growth Transition", *IMF Econ Rev* 52 (1), 2005, pp. 193 – 228.

169. Daron Acemoglu, *Introduction to Modern Growth Theory* (New Jersey: Princeton University Press, 2009), pp. 693 – 771.

170. Dutt, P. , Mitra, D. , Ranjan, P. , "International Trade and Unemployment: Theory and Cross-national Evidence", *Journal of International Economics* 1, 2009, pp. 32 – 44.

171. Ejaz Ghani, Homi Kharas, "The Service Revolution", *Eco-

nomic Premise 14, 2010, pp. 1 – 5.

172. Elhadj M. Bah, "Structural Transformation in Developed and Developing Countries", *MPRA Paper* No. 10655 (42), 2008, pp. 1 – 32.

173. Florian Noseleit, "Entrepreneurship, Structural Change, and Economic Growth", *Journal of Evolutionary Economics* 23 (9), 2013, pp. 735 – 766.

174. Francisco J. Buera, Joseph P. Kaboski, "Can Traditional Theories of Structural Change Fit the Data?", *Journal of the European Economic Association* 7 (2 – 3), 2009, pp. 469 – 477.

175. G. Ramakrishna, "Open Policies and Service Sector Growth in India: Does Service Sector Growth Influence Economic Growth of India?", Osmania University (OU), *SSRN Electronic Journal*, 2010, pp. 1 – 20.

176. Gustav Ranis, John C. H. Fei, "A Theory of Economic Development", *The American Economic Review* 51 (4), 1961, pp. 533 – 565.

177. Hollis B. Chenery, "Patterns of Industrial Growth", *The American Review* 50 (4), 1960, pp. 624 – 654.

178. J. Bradford DeLong, "India Since Independence: An Analytic Growth Narrative", in D. Rodrik (ed.) *In Search of Prosperity: Analytic Narratives on Economic Growth* (Princeton, New Jersey, Princeton University Press), 2003, pp. 1 – 39.

179. Jingfeng Zhao, Jianmin Tang, "Industrial Structural Change

and Economic Growth in China, 1987 – 2008 ", *China & World Economy* 23 (2), 2015, pp. 1 – 21.

180. John Williamson, Roberto Zagha, " From the Hindu Rate of Growth to the Hindu Rate of Reform", *Center for Research on Economic Development and Policy Reform*, Working paper No 144, 2002, pp. 1 – 44.

181. Jorgenson, D. W. , Ho, M. S. , Samuels, J. D. , Stiroh, K. J. , " Industry Origins of the American Productivity Resurgence", *Economic Systems Research* 19 (3), 2007, pp. 229 – 252.

182. Kaldor Nicholas, *Causes of the Slow Rate of Economic Growth of the United Kingdom* (Cambridge, UK: Cambridge University Press, 1966).

183. Khem Chand, Rajesh Tiwari, Manish Phuyal, " Economic Growth and Unemployment Rate: An Empirical Study of Indian Economy", *Journal of Indian Economy* 4 (2), 2017.

184. Krishna, K. L. , Abdul Azeez Erumban, Deb Kusum das, etc. *Industry Origins of Economic Growth and Structural Change in India* (Worker Paper of Center For Development Economics Delhi School Of Economics, 2015), pp. 1 – 45.

185. Lewis, W. A. , " Economic Development with Unlimited Supplies of Labor", *Manchester School of Economics and Social Studies* 22 (2), 1954, pp. 139 – 181.

186. Lorenz, M. O. , " Methods of Measuring the Concentration of Wealth", *Publications of the American Statistical Association* 9

(70), 1905, pp. 209 – 219.

187. Marcel P. Timmer, Adam Szirmai, "Productivity Growth in A-sian Manufacturing: The Structural Bonus Hypothesis Examined", *Structural Change and Economic Dynamics* 11, 2000, pp. 371 – 392.

188. Mary O'Mahony, Marcel P. Timmer, "Output, Input and Productivity Measures at The Industry Level: The EU KLEMS Database", *The Economic Journal* 119 (538), 2009, pp. 374 – 403.

189. Michael Peneder, "Industrial Structure and Aggregate Growth", *Structural Change and Economic Dynamics* 14, 2003, pp. 427 – 448.

190. Moshe Syrquin, "Patterns of Structural Change", in Chenery, H. & Srinivasan, T. N. (eds.) *Handbook of Development Economics* 1 (Amsterdam: Elsevier Science Publishers, 1988), pp. 203 – 273.

191. Pareto Vilfredo, "La Legge Della Domanda", *Giornale Degli Economist* 10 (6), 1895, pp. 59 – 68.

192. Pierre Philippe Combes, "Economic Structure and Local Growth: France, 1984 – 1993", *Journal of Urban Economics* 47, 2000, pp. 329 – 355.

193. Piyabha Kongsamut, Sergio Rebelo, Danyang Xie, "Beyond Balanced Growth", *The Review of Economic Studies* 68 (4), 2001, pp. 869 – 882.

194. Pulin B. Nayak, Bishwanath Goldar, Pradeep Agrawal, *India's*

Economy and Growth: *Essays in Honour of V. K. V. Rao* (New Delhi, SAGE Publications, 2010), p. 35.

195. Purba Roy Choudhury, Biswajit Chatterjee, "Growth in India's Service Sector: Implications of Structural Breaks", *Journal of Quantitative Economics* 1, 2016.

196. Rana Hasan, Devashish Mitra, Priya Ranjan, Reshad N. Ahsan, "Trade Liberalization and Unemployment: Theory and Evidence from India", *Journal of Development Economics* 97, 2012, pp. 269 – 280.

197. Richard Arena, Pier Luigi Porta, eds. , *Structural Change and Economic Growth* (Cambridge: Cambridge University Press, 2012), p. 274.

198. Robert E. Lucas, Jr. , "Making A Miracle", *Econometrica* 61 (2), 1993, pp. 251 – 272.

199. Shahid Yusuf, Kaoru Nabeshima, *Changing the Industrial Geography in Asia*: *The Impact of China and India* (Washington D. C. : The World Bank, 2010), p. 2.

200. Simon Kuznets, "Growth and Structural Shifts", in W. Galenson ed. , *Economic Growth and Structual Change in Taiwan*: *The Postwar Experience of the Republic of China* (London: Cornell University Press, 1979), pp. 15 – 131.

201. Simon Kuznets, "Modern Economic Growth: Findings and Reflections", *The American Review* 63 (3), 1973, pp. 247 – 258.

202. Simon Kuznets, "National Income and Industrial Structure",

Econometrica 17, 1949, pp. 205 – 241.

203. Simon Kuznets, "Quantitative Aspects of the Economic Growth of Nations: II. Industrial Distribution of National Product and Labor Force", *Economic Development and Cultural Change* 5 (4), 1957, pp. 1 – 111.

204. Simon Kuznets, "Quantitative Aspects of the Economic Growth of Nations: I. Levels and Variability of Rates of Growth", *Economic Development and Cultural Change* 5 (1), 1956, pp. 1 – 94.

205. Simon Kuznets, *The Comparative Study of Economic Growth and Structure* (Massachusetts Avenue Cambridge. National Bureau of Economic Research, 1959), pp. 163 – 164.

206. Tariq Ahmad Bhat, Tariq Ahmad Lone, Towseef Mohi Ud Din, "The Validity of Okun's Law: Evidences from Indian Economy", *Theoretical and Applied Economic* XXVI 4 (621), 2019.

207. Vittorio Valli, Donatella Saccone, "Structural Change and Economic Development in China and India", *European Journal of Comparative Economics* 6 (1), 2009, pp. 101 – 129.

208. Vélez Tamayo, Julián Mauricio, "Sir William Petty and the Conformation of the Petty-Clark Law", *MPRA Paper* No. 76345 (12), 2016, pp. 1 – 12.

图书在版编目（CIP）数据

中印产业结构变动与经济增长比较／孙晓华著. --
北京：社会科学文献出版社，2022.2
ISBN 978 - 7 - 5201 - 9663 - 5

Ⅰ.①中… Ⅱ.①孙… Ⅲ.①产业结构调整 - 对比研
究 - 中国、印度②经济增长 - 对比研究 - 中国、印度
Ⅳ.①F269.24②F135.11

中国版本图书馆 CIP 数据核字（2022）第 007081 号

中印产业结构变动与经济增长比较

著　　者／孙晓华

出 版 人／王利民
组稿编辑／高　雁
责任编辑／颜林柯
责任印制／王京美

出　　版／社会科学文献出版社·经济与管理分社(010)59367226
　　　　　地址：北京市北三环中路甲 29 号院华龙大厦　邮编：100029
　　　　　网址：www.ssap.com.cn
发　　行／社会科学文献出版社（010）59367028
印　　装／三河市尚艺印装有限公司

规　　格／开本：787mm × 1092mm　1/16
　　　　　印 张：13.25　字 数：143 千字
版　　次／2022 年 2 月第 1 版　2022 年 2 月第 1 次印刷
书　　号／ISBN 978 - 7 - 5201 - 9663 - 5
定　　价／138.00 元

读者服务电话：4008918866